참나,
명상으로
다가가다

| 일러두기 |

1. 이 책은 재가불자로 세속의 고민을 해결하고 행복을 얻기 위해 불교 공부와 수행을 통해 '참나'를 찾은 결과를 정리한 것이다. 그로 인해 책의 내용은 독자를 포함한 우리 모두의 삶의 고민 해결과 밀접히 연계되어 있다.

2. 독자가 어려운 불교 교리를 이해하는 데 편의를 더하기 위해서 내용을 그림과 표로 나타내었다. 이는 어려운 내용의 텍스트로 꽉 찬 책 읽기의 부담에서 벗어나기를 바라는 저자의 바람이 담긴 것이다.

3. 인용된 경전 내용을 통하여 책의 내용이 불교의 가르침임을 보이면서 필자의 설명을 최소화하여 텍스트로 꽉 찬 페이지가 되지 않도록 하였다.

4. 불교의 가르침은 마치 수학이 초등, 중등, 대학, 대학원 수준으로 다른 것과 같이 내용의 수준이 서로 다른 여러 경전에 나뉘어 있다. 그래서 불교 가르침의 체계와 내용 수준을 파악하기 쉽도록 수준에 따라 분류하여 논의를 전개하고 정리하였다.

참나, 명상으로 다가가다

안병근 지음

씨마스21

| 서문 |

참나를 되찾으니
존재하는 자체로 행복하다

　군 제대 복학 후 아무런 계기도 없이 언젠가부터 나는 인생의 무상함을 절실히 느끼기 시작했다. 언젠가 죽을 것이고, 그 죽음은 나의 모든 것을 무無로 만들어 버릴 것이므로 이 삶이 무의미하다는 생각이 너무나 절실하고 강력하게 몰려왔다. 나는 죽음과 그에 따른 허무함에 빠져 삶의 의미를 잃고 있었다. 과거의 사람들이 그랬듯이 나 역시 일시적으로 이 세상에 머물다가 떠나리라는 것을 생각할 때 나는 도저히 그것을 받아들일 수 없었다. 그것은 너무나 절실해서 그냥 태평하게 살 수가 없었다. 겉으로는 강의를 듣고 웃고 하였지만, 나의 관심은 온통 그 문제에 가 있었다. 일상 중에 잠시라도 혼자 있는 시간이 되면 언제나 무상이 엄습했다.
　그러는 사이 나는 대학을 졸업하고 대학원에 진학하였으나 무상은 여전하였다. 그래서 나는 죽음을 극복하고 영원히 살 수 있는 길을 찾아야만 한다고 생각하고, 급기야 대학원 1학년 겨울방학 때 출가하기로 결심하였다. 가족의 축복 속에 출가할 줄 알았는데 부모님의 완강한 반대에 부딪혔다. 부모님의 반대를 뿌리치고 집을 나갈 수가 없었다. 결혼하여 가정을 꾸리고 딸을 낳았지만 여전히 무상은 절실하였고, 세속 삶에서 의미를 찾지 못함은 물론 "이렇게 살려고 태어났는가?" 하는 자괴감마저 들었다. 집을 떠날 생각을 숱하게 하였지만, 그렇다고 세속적 의무를 저버리고 산속으로 갈 만큼 매몰차지도 못했다. 그래서 세상 속에서 나의 문제를 해결할 수 있는 방법을 찾으려고 노력하였다. 종교 서적과 철학 서적을 많이 읽었다. 특히 불교의 경전과 논, 선사 어록, 인도 경전 등을 집중적으로 읽었으며, 간화선看話禪 수행을 하였다. 그에 따라 나는 점차 무상에서 벗어나게 되었다.

돌이켜 보면, 무상은 나의 어리석음에서 비롯되었다. 20대 때 나는 육체와 거기서 일어나는 정신작용이 나라고 생각하여 그것을 나와 동일시하는 오류를 범하고 있었다. 동시에 육체에 기초한 이 삶이 영원하기를 바라는 강한 욕망과 집착도 가지고 있었다. 그러나 불교 공부와 수행을 통해 나는 이 육체와 정신작용이 '참나'가 아니라는 것을 깨닫게 되었다. 그에 따라 육체와 에고에 대한 애착이 많이 줄어들게 되었다. 또한, 애초에 영원할 수 없는 이 육신과 그에 기초한 삶이 영원하기를 바란 것 자체가 어리석은 생각이었을 뿐만 아니라 부질없는 욕망과 집착이었음도 알게 되었다.

동서양의 경전들이 모두 이구동성으로 이 육체와 에고는 영원하고 참다운 실체가 아니며, 영원하고 불멸하는 '참나'가 있음을 설파하고 있었다. 경전 공부와 명상을 통해 나는 비로소 천상천하유아독존天上天下唯我獨尊, 즉 "하늘 위와 하늘 아래에 오직 나(참나)만이 존귀하다."라는 진리에 눈뜨게 되었다. 그래서 무상을 딛고 일어선 나에게는 참나가 가장 존귀한 것이 되었다. 사랑, 부, 권세 등 세상에는 많은 가치로운 것들이 있지만, 그 어느 것도 참나만큼 값진 것이 되지 못하였다. 사랑, 부, 권세 등은 아침 이슬처럼 존재하다가 물거품처럼 사라지는 것이지만, 참나는 영원불멸하는 것이라는 것을 알았기 때문이다.

진귀한 보물인 참나를 찾아 나섰다. 참나 보물섬 지도를 따라 나선 지 어언 수십 년이 지나갔다. 그동안 나는 보물섬 지도를 따라 보물섬을 열심히 찾았다. 그 결과, 이제 보물이 있는 곳 가까이 왔으며, 보물을 손에 완전히 넣지는 못하였으나 그 광채를 보았다.

참나 보물은 나의 견문각지見聞覺知를 벗어나 있지 않았고, 행주좌와行住坐臥와 끽다끽반처喫茶喫飯處를 벗어나 있지도 않았다. 알고 보니, 그동안 나는 물속에서 목말라한 격이었고, 쌍림雙林 부傅 대사大士(중국 양나라 때 스님)의 말씀처럼 "밤마다 부처를 안고 자고 아침마다 함께 일어났으면서도" 나는 그걸 모르고 부처를 찾아 헤맸었다.

이렇게 진리에 눈뜸으로써 나 자신이 변함은 물론 삶을 대하는 자세도 크게 변하였다. 가장 두드러진 것이 나를 짓누르던 무상이 사라진 점이며, 지난날 하찮고 부질없는 것으로 여겼던 일상들이 소중한 삶으로 바뀌었고, 거기에서 기쁨을 얻게 되었다. 이제 모든 것이 즐겁고, 눈에 보이는 산천초목 하나하나가 더없이 아름답게 보이며, 이렇게 존재한다는 사실 자체만으로 한없이 기쁘다.

무상이 절실하던 시절 나는 일상 삶에 전혀 흥미와 가치를 느끼지 못했다. 무상을 벗어나기 위해 도를 닦는 것만이 가치 있는 것으로 생각되었다. 전공인 경제학 공부를 할 때는 즐겁지도 않았고, "이것이 생계를 위한 것 이외에 무슨 의미가 있는가?" 하는 회의가 들었다. 가정생활도 그랬고, 직장생활도 마찬가지였다. 즐거움이 없었고 무의미하게만 느껴졌다. 그랬던 내가 이제 모든 일상 삶을 다 받아들이고 그것에서 행복을 느끼고 있다. 그리스 신화에 나오는 마이더스 왕이 손으로 만지는 것마다 모두 '황금'으로 변하듯이 내가 대하는 모든 일상 삶이 즐겁고 '행복한 것'으로 바뀌었다. 진리는 결코 '지금 여기' 이 순간 이 삶을 벗어나 있지 않으며, '지금 여기' 이 순간 이 삶이 실재이며 극락 천국인 것을 알았기 때문이다.

2019년 6월 15일에 있을 둘째 딸아이의 결혼을 앞두고 불교 공부를 시켜서 보내려고, 2018년 9월부터 10개월간 매주 주말에 두 딸과 아내에게 불교 강의를 하였다. 그때 초롱초롱한 눈빛으로 내 강의를 듣던 가족의 모습과 다투어 질문하던 모습이 기억에 생생하다. 특히 종강할 때, 이유는 모르지만 큰애가 눈물을 흘린 것이 기억에 남는다. 그때의 불교 강의가 아내와 두 딸에게 도움이 된 것 같아서 강의 내용을 가감하여 책으로 정리할 생각을 하게 되었다. 다행히 총장 4년 임기를 마치고 2020년 1월부터 학교로부터 연구년 1년을 얻었기에 집필에 집중할 수 있어 감히 엄두를 내었다.

  이 책은 20대 초반에 심각한 무상병無常病을 앓은 필자가 그것을 해결하기 위해 재가불자의 길을 걸어오면서 배우고 익히고 깨달은 바를 필자 나름의 체계로 정리한 것이다. 이 책이 필자와 같은 고민을 안고 있는 젊은이들에게 그리고 불교에 관심이 있는 사람들에게 조금이나마 도움이 되기를 소망한다.

  끝으로 바쁘신 와중에도 이 책의 원고를 꼼꼼히 읽으시고 독자의 입장에서 유익한 조언을 많이 해주신 우리 공주교육대학교 불교학생회 지도교수이자 국어교육과 교수이신 김봉순 교수님께 깊이 감사드린다. 또한 단행본 출판 시장의 어려운 여건 속에서도 이 책의 출판을 위해 애써주신 출판사 씨마스21 관계자 여러분께도 심심한 감사의 말씀을 드린다.

저자 안 병 근

이 책이 독자들에게 조금이라도 도움이 된다면
그 공덕을 모두 필자가 이 희유한 불법佛法을 만나
무한한 행복을 누리게 해주신 불법승佛法僧 삼보에 회향합니다.

| 차 례 |

제 1 장

참나,
본래 안락하고
영원한 것

14 인생은 허무한 것인가?
16 뜻이 있는 곳에 길이 있다
19 지구는 둥글다
21 사유四有
22 본래 안락하고 영원한 것
24 하느님의 나라는 너희 안에 있느니라
26 대박 로또 당첨
28 늑대 인간과 중생
31 상사가 도를 들으면 단박에 행한다
34 불교 가르침의 단계
36 이 책의 교판

1. 생사와 연기 41

- 42 죽음이란 무엇인가?
- 44 연기설
- 46 이것이 있으므로 저것이 있다
- 48 수레는 부품의 합이다
- 50 스스로 존재하는 것은 없다
- 52 수레를 해체하면 수레는 없다
- 55 죽음은 없다 ①
- 58 수레는 있는 것인가, 없는 것인가?
- 61 죽음은 없다 ②

제2장

참나를 되찾는 터 닦기와 명상

2. 인간 이해와 명상 65

- 66 불교의 인간 이해 ① : 오온
- 68 불교의 인간 이해 ② : 6근과 6식
- 71 마음 구조의 이해 ① : 전5식과 제6식
- 74 마음 구조의 이해 ② : 제7식 ①, ②, ③
- 81 마음 구조의 이해 ③ : 제8식
- 84 마음 구조의 이해 ④ : 정리
- 85 새끼줄을 뱀으로 오인한다
- 87 인간을 늑대로 오인한다
- 89 '깨어있음', 명상 수행의 초석
- 92 나는 몇 개인가? ①
- 94 명상 수행의 핵심, '어떤 것'으로 중심 이동
- 96 관조자가 되자
- 98 나는 몇 개인가? ②

3. 삶의 주체와 명상 101

102 나는 무엇인가?
105 나는 존재하는가?
108 나는 존재한다
110 나는 없다
112 몸과 마음은 나가 아니다 ①, ②
117 분명히 보기는 보는데, 거기에 '보는 자'가 없다 ①, ②, ③
125 나는 없다는 것을 깊이 깨우쳐야 한다
127 나는 신기루와 같다 ①, ②, ③
133 '나'가 없으면 일체의 괴로움도 더불어 없다 ①, ②
137 나는 원래 없으니 '지금 이 순간'의 모습이
     곧 나의 모습이다
140 나는 있는 것도 아니고 없는 것도 아니다 ①, ②
144 나는 마음이 만들어낸 허상이다
147 나는 제8식의 견분見分이다 ①, ②
152 새끼줄을 뱀으로 오인하지 말자
154 명상 수행, '공空하지 않은 것'에 눈을 돌리는 것

4. 삶의 객체 157

158 이 세상은 실재하는가?
161 이 세상은 꿈과 같다 ①, ②
165 무생법인無生法忍이 구원의 길이다
168 잠들면 이 세상은 없다 ①, ②
172 문득 잠들 듯 '한 생각'을 내려놓자
174 '공하지 않은 것'에 눈을 돌리자
176 물결이 그대로 물이다
179 '있음'과 '없음'의 견고한 편견에서 벗어나자
181 생각, 감정, 느낌은 '허망한 것'이다
184 명상 수행, '허망한 것'을 떨쳐낸다
187 아我와 법法의 존재 유무 : 정리

5. 삶과 명상 189

- 190 삶의 불교적 이해
- 192 행복 공식
- 195 욕망이 불행의 원인이다
- 197 계율이 자신을 지킨다
- 200 불교의 목적은 이고득락離苦得樂이다
- 202 '제2의 화살'을 맞지 말자 ①, ②
- 208 watching! 또렷이 깨어서 지켜보자
- 211 위파사나, 불교의 대표적인 명상 수행
- 214 욕망의 어머니, 아상我相 ①, ②
- 219 일흔 번씩 일곱 번을 용서하라!

6. 만법유식 223

- 224 단지 마음의 분별일 뿐이다
- 226 단지 그렇게 생각하는 것일 뿐이다
- 228 오직 '한 생각'에 달려 있다
- 230 구름이 태양을 가리고 있다
- 233 청산은 나를 보고 말없이 살라 하고
- 235 부처님 눈에는 부처님만 보입니다
- 237 바람이 부는가, 아니면 깃발이 펄럭이는가? ①, ②
- 241 선악과를 따 먹고 에덴동산에서 추방되다
- 244 단지 '한 생각이 일어난 것일 뿐임'을 자각하자
- 246 내려놓아라!
- 249 팔상성도八相成道
- 252 수하항마상樹下降魔相

제3장 매일매일 좋은 날이다 255

제1장

참나, 본래
안락하고 영원한 것

인생은
허무한 것인가?

　사람은 누구나 죽는다. 죽음은 모든 것을 앗아간다. 그러므로 누구나 죽음에 대해 진지하게 생각해 보지 않을 수 없다. 필자의 경우 대학 시절 죽음과 그에 따른 인생무상의 문제가 느닷없이 나를 찾아왔다.
　지금까지 태어났던 사람들이 모두 죽었으므로 나 역시 죽을 것이 분명하고, 죽음으로 나의 모든 것이 무無로 돌아갈 것도 분명하다. 그렇다면 지금 이렇게 열심히 공부하여 좋은 직장을 잡고 결혼을 하고 행복하게 사는 것이 과연 무슨 의미가 있는가? 이 모든 게 다 무로 돌아가고 말 허무한 것들이 아닌가!

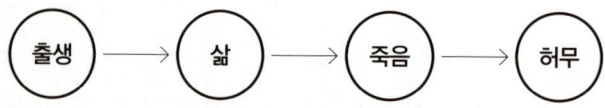

혼자 있는 조용한 시간이면 여지없이 죽음과 인생무상의 문제가 나를 찾아왔다. 너무도 절실하였다. 누가 죽음이라는 단어만 말해도 죽음에 관한 문제가 나를 엄습했다. 100세가 되기 전에 죽을 것이 자명한데 이대로 앉아서 죽음을 기다리고 있을 수는 없다고 생각했다. 죽음에 관한 문제를 해결하지 않고서는 도저히 이 삶을 태연히 살아갈 수가 없었다.

하지만 이 문제를 어떻게 해결해야 할지, 어디서 도움을 받을 수 있을지 몰라 막막하기만 했다.

비구들이여, 나는 이와 같이 부유하고 행복했었다. 그러나 어느 날 문득 생각하게 되었다. 사람은 늙고 병들어 죽는다는 것을. 어리석은 범부들은 그것을 남의 일처럼 여길 뿐 나 자신이 늙고 병들어 죽는다는 사실을 모르고 있다.

「아함경」

뜻이 있는 곳에
길이 있다

그렇게 지내던 중에 법대 친구들 몇 명이 팔공산 파계사 성전암으로 법문을 들으러 다닌다는 것을 알게 되었다. 나는 그 모임에 합류하였다. 시내에서 버스를 타고 1시간 정도 걸려 팔공산 파계사 밑 정류소에 내려 40분을 걸어 올라가니 성전암이 있었다. 법문을 듣기 위해 절에 간 것은 그때가 처음이었다.

철웅 스님께서 법문을 하시고 계셨는데 불교에 대해서는 오계五戒, 반야심경, 금강경을 가르쳐 주셨다. 주로 일본의 신흥종교인 '생장의 집'에서 발행한 영문 자료로 법문해 주셨다. 머리를 깎고 절에 들어올 것이 아니면 '생장의 집'에서 발행한 책인『생명의 실상』을 열심히 읽는 것으로 족하다고 말씀하셨다.

『생명의 실상』은 40권으로 이루어져 있는데, 모든 진리는 하나로 통한다는 '만교귀일萬敎歸一'적인 관점을 취하고 있었다. 스님의 권유에 따라『생명의 실상』을 열심히 읽었고, 스님이 지도해 주신 '생장의 집'의 수행법인 '실상관實相觀'도 열심히 하였다.

스님의 법문과 지도는 종교에 처음 발을 들여놓는 내가 어느 한 종교에 편향되지 않도록 하는 데 큰 도움이 되었다. 그뿐만 아니라 실상관 수행과 『생명의 실상』 탐독은 내가 진리에 조금이나마 눈뜨게 하는 데도 큰 도움이 되었다.

하지만 내가 당면해 있는 근본 문제에 대한 해답을 찾지는 못했다. 성전암 법문 모임이 계기가 되어 큰스님들의 법어집과 불교 서적들을 읽어보게 되었다. 그 결과, 나의 근본 문제를 해결하기 위해서는 참선을 해서 도道를 깨달아야 한다는 것을 알았다. 큰스님들과 불교 서적들은 한결같이 도를 깨달아야 생사生死를 해탈할 수 있다고 말하고 있었다.

그래서 철웅 스님께 간화선看話禪을 가르쳐 달라고 말씀드렸더니 거듭 세상을 사는 데는 『생명의 실상』으로 족하며, 머리를 깎고 오면 알려주겠다고 하셨다.

나의 근본 문제는 여전히 해결되지 못한 채로 있었고, 그사이에 나는 대학원에 진학해 있었다. 대학원 1학년 겨울방학 때 나는 더 이상 세상에 머물며 경제학 공부를 계속할 이유를 찾지 못했다. 경제학 공부는 생계를 위한 수단일 뿐 나의 근본 문제를 전혀 해결해 줄 수 없다는 것을 잘 알기 때문이었다. 출가 수행해서 생사 문제를 해결하기로 굳게 결심하였다.

하지만 부모님의 완강한 반대에 부딪혔다. 부모님의 가슴을 아프게 하며 집을 떠날 만큼 나는 매몰차지 못했다. 그래서 세상에 머물며 나의 근본 문제를 해결할 방법을 찾고자 재가불자의 길을 갈 수밖에 없었다.

그러는 사이에 나는 박사과정에 진학하고 결혼도 했지만, 여전히 세속 삶에서 의미를 찾지 못하고 있었다. 경제학 공부와 결혼생활보다는 나의 근본 문제 해결에 더 치중하였다.

당시 세계적 영적 스승으로 추앙받던 인도의 성자 라즈니쉬의 강연집 수십 권을 번역되는 대로 모두 읽었다. 혹시 내가 놓친 곳에서 도를 깨달을 메시지가 있을지도 모른다는 생각에 한 권도 한 줄도 놓지지 않으려고 애썼다. 인도 종교의 경전들도 모두 탐독하였고, 노장철학과 서양철학 서적도 탐독하였다.

이런 노력을 통해 나는 이론적으로는 어느 정도 나의 근본 문제에 대한 답을 찾을 수 있었다. 특히 도움이 된 것은 박사과정 시절에 수덕사 혜암 스님 문하에서 간화선 수행을 한 제자분이 이끄는 화두 참구 모임에 들어가 간화선 수행을 한 것이다. 정말 큰 도움이 되었다. 단지 한 개의 화두를 참구한 것의 효과가 라즈니쉬 성자의 강연집 전체를 읽은 것보다 더 크게 느껴졌다.

수영에 비유한다면, 책 속의 것은 수영 이론이고 간화선 수행은 수영 연습에 해당하기 때문에 당연하다. 수영 연습을 해야 수영을 할 수 있듯이 수행을 통해 진리가 삶에서 실현될 때 비로소 의미가 있다.

지구는 둥글다

지금 이 자리에서 직선으로 계속 직진하여 걸어간다면 어떻게 될까? 고대인들은 결국 땅의 끝에 도달할 것이라고 믿었다. 그들은 이 땅이 평평하다는 '지구 평면설'을 진리로 받아들였다.

그리고 고대인들은 이 땅은 움직이지 않고 하늘이 움직인다고 믿었다. 그들은 하늘이 움직인다는 '천동설'을 진리로 받아들였다.

하지만 우리가 과학 공부를 시작하면 이 땅은 평평하지 않다는 것을 알게 된다. 또한 하늘이 움직이는 것이 아니라 이 땅이 움직인다는 것도 알게 된다. 우리가 생각하는 것과 다르고 우리가 보는 것과는 다르지만 그것을 받아들인다. 과학적으로 증명된 사실이라는 것을 믿기 때문이다.

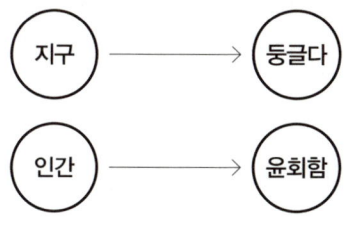

죽음 문제에 대한 탐구를 본격적으로 시작한 이후 얼마 되지 않아서 마치 과학 공부를 시작한 것과 같은 일이 벌어졌다. 지금 이 자리에서 직선으로 계속 걸어간다면 땅의 끝에 도달하는 것이 아닌 것처럼, 죽음으로 모든 것이 끝이 아니라는 것을 알게 되었다.

지구가 둥글기 때문에 이 자리에서 직선으로 계속 걸어간다면 다시 이 자리로 돌아오는 것처럼, 인간은 윤회하기 때문에 내가 죽으면 다시 이 자리로 환생해 돌아온다는 것을 알게 되었다.

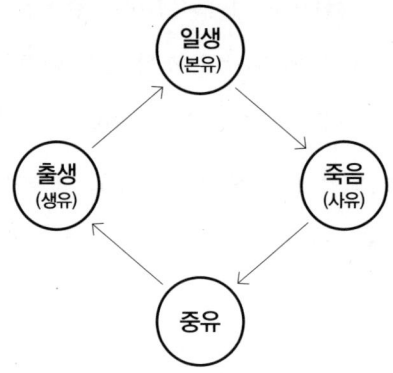

불교에서는 인간의 존재 형태[유有]를 네 가지로 나누어 설명한다. 이를 '사유四有'라고 한다. 부파불교 '설일체유부說一切有部'의 견해이다.

어머니의 몸에 탁태하여 태어날 때의 존재를 '생유生有'라고 하고, 태어나서 일생을 살다가 죽을 때까지의 존재를 '본유本有'라고 한다. 그리고 생명이 끊어지는 순간의 존재를 '사유死有'라고 하고, 죽어서 다시 태어날 때까지의 존재를 '중유中有'라고 한다.

중유에 대해서는 이 책의 논리 흐름상 다룰 곳이 마땅치 않아 논의하지 못해 아쉬움이 남는다.

사유 四有

사유四有를 구름에 비유하면 이해하기 쉬울 것이다. 구름도 생겨나서 존재하다가 소멸하여 없어진다. 구름이 소멸하여 없어졌다고 해서 끝이 아니다. H_2O 분자로 돌아가 있다가 다시 구름으로 생겨나기 때문이다.

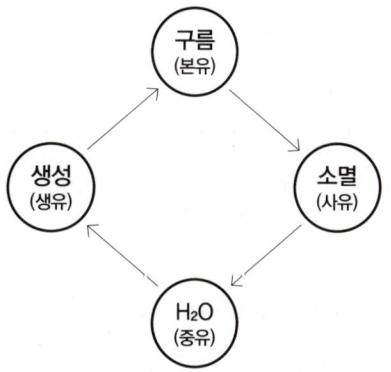

사람의 태어남과 죽음도 구름이 생성하고 소멸하는 것과 다르지 않다. 태어나는 것은 한 조각 구름이 일어나는 것과 같고, 죽음은 한 조각 구름이 사라지는 것과 같다. 구름 자체는 본래 실체가 없는 것과 같이 생사生死 또한 실체가 없다. 그러니 빈이름뿐인 태어남과 죽음이 있을 뿐이다.

본래 안락하고 영원한 것

구름은 생겨나서 머물다가 변하여 소멸한다. 금방 생겨났다가 금방 사라지기도 하고, 먹구름이 종일 온 하늘을 뒤덮고 있기도 한다. 구름이 생겨났다가 없어졌다가 다시 생겨나고 없어지기를 반복하는 그 바탕은 하늘이다. 하늘이 있어서 구름의 생성 소멸이 가능하다.

구름은 생겨났다가 없어지기를 반복하지만, 하늘은 생겨나지도 않고 없어지지도 않으며 언제나 그 자리에 그대로 있다. 구름이 요란하게 움직이고 변화하며 요동치더라도 하늘은 전혀 변함도 없고 움직임도 없으며 늘 고요하다.

구름이 '생주이멸生住異滅'을 반복하지만 그 바탕인 하늘은 '불생불멸不生不滅'하고 '불거불래不去不來'한다. 사람도 태어나고 죽기를 반복하는데 그것과 상관없이 불생불멸 불거불래하는 바탕이 있는 것일까? 있다면 그것이 우리의 '참나'일 것이다. 불생불멸하는 '영원한 것'이기 때문이다.

불교는 있다고 말한다. '그것'은 생사와 상관없이 언제나 존재하고 항상 변함없고 고요하며 안락하다. 구름은 생주이멸 하지만, 하늘은 그와 상관없이 항상 변함이 없고 고요하며 언제나 존재하는 것과 같다.

'그것'은 생사가 없으므로 하늘처럼 '본래 안락하고 영원한 것'이다. '생사生死'에서 벗어난 것이어서 '열반nirvana'이라고도 한다. '그것'을 '한 물건[일물一物]'이라고 이름을 붙이고 시로 표현한 유명한 선시禪詩가 있다.

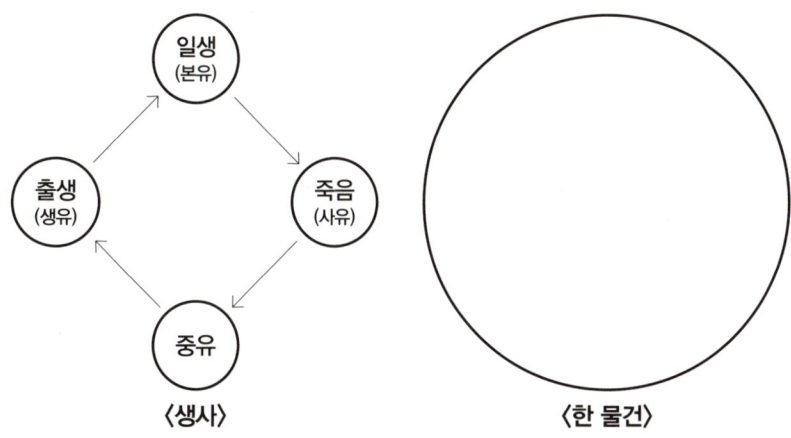

생生은 한 조각 뜬구름이 일어나는 것이요
사死는 한 조각 뜬구름이 사라지는 것이다.
뜬구름 자체는 본래 실체가 없는 것이니
나고 죽고 가고 오는 것 또한 그와 같네.
오직 '한 물건'이 있어 항상 홀로 드러나 있고
순수하고 맑아 생사生死를 따르지 않는다네.
순수하고 맑은 그 '한 물건'이 무엇인고?

함허 득통 화상(조선시대)

하느님의 나라는
너희 안에 있느니라

생사의 바탕인 '한 물건', 즉 생사와 관계없이 항상 존재하고 언제나 안락한 '그것'은 무엇이며 어디에 있는 걸까? 이에 대한 아주 적절한 대답이 신약 성경에 나온다.

> 바리새인 : 하느님의 나라는 언제 옵니까?
> 예수님 : 하느님의 나라는 눈으로 볼 수 있는 모습으로 오지 않는다. 또 여기에 있다 저기에 있다고 말할 수도 없다. 하느님의 나라는 너희 안에 있느니라 The kingdom of God is within you.
>
> 「신약 성경」 누가복음

'한 물건'에 대해 대덕大德 스님들께서 말씀하신 것을 보면 누가복음의 말씀과 비슷하다. 중국 불교 선종의 대선사大禪師이신 당나라 때 육조 혜능 대사께서는 다음과 같이 말씀하셨다.

나에게 '한 물건'이 있는데 이름도 지을 수 없고 모양을 그릴 수도 없다. 대중들은 알겠는가?

혜능 대사(6조), 「육조단경」

조선 시대의 서산 대사께서도 다음과 같이 비슷하게 말씀하셨다.

여기 '한 물건'이 있는데 본래부터 밝고 신령스러워 일찍이 생겨나지도 않았고 없어지지도 않는다. 이름도 지을 수 없고 모양을 그릴 수도 없다.

서산 대사, 「선가귀감」

'하느님의 나라'는 모습이 없어서 딱히 어디에 있다고 특정할 수 없다. 그와 같이 '한 물건'이라고 이름을 붙인 '본래 안락하고 영원한 것'도 "여기에 있다, 저기에 있다."라고 말할 수 없다. 우리들의 눈으로 볼 수도 없으므로 그것의 모양을 그릴 수도 없고 이름을 붙일 수도 없다.
  하지만 '우리 안에within you' 있으므로 우리는 '그것'에 이를 수 있다.
  어떻게 태어남도 없고 죽음도 없는 '그것'에 이를 것인가? 이것을 논의하는 것이 이 책의 주된 목적의 하나이다.

대박 로또 당첨

필자는 대학 시절 죽음에 대한 자각과 그로 인한 인생무상의 절감을 통해 운 좋게도 불교를 만났다. 그리고 불교 공부를 본격적으로 시작하자 '내 안에within you' 생사生死와 무관한 '한 물건'이 있다는 것을 알게 되었다.

죽음으로 모든 것이 끝인 줄만 알았는데 생사와 상관없는 '영원한 것'이 있다니! 너무너무 기뻤다.

이런 가르침을 만나다니, 이 얼마나 크나큰 행운인가!

실은 이보다 몇 배나 더 큰 행운이 있었다. 마치 대박 로또에 당첨된 것과 같은 것이었다. 가슴에서 큰 환희가 일어났다. 이 기쁨은 오랫동안 이어졌다. 하늘이며 햇볕이며 길가의 코스모스며 보이는 모든 것이 아름답게 보였다. 이렇게 존재하는 것 자체가 기쁨이었고, 삶이 온통 축복처럼 느껴졌다.

대박 로또에 당첨된 기분이 이런 것일까? 큰 부자가 된 느낌이었다. 내면에 귀중한 보물로 가득 찬 보물창고가 있는 것과 같은 기분이었다. 부처님과 역대의 조사祖師들에 의해 비밀리에 전해져 내려온 비전秘傳이 바로 이것임을 알았기 때문이다.

자신이 바로 '부처'라는 것! 그 흔들림 없는 자각이 내면에 자리 잡았다.

　　제자(승려) : 무엇이 부처입니까?
　　스승(지홍智洪 선사) : 바로 너니라[여자시불汝自是佛].

「전등록」

늑대 인간과 중생

1920년 인도 벵골 지방의 산속에서 늑대처럼 공격적인 2살과 7살가량의 늑대 소녀가 사냥꾼들에 의해 발견되었다. 사냥꾼들은 그들을 데려와서 아말라Amala와 카말라Kamala라는 이름을 지어 주었다. 그리고 사람으로 행동할 수 있도록 적응 교육을 시작했다.

하지만 신체적으로는 인간이었지만 행동이나 생활방식은 늑대와 다름이 없었다. 늑대처럼 울부짖고 네발로 기어 다녔다. 익힌 고기 대신 날고기만 먹었으며, 옷을 입혀주면 번번이 바로 찢어버렸다. 그러던 중 구출된 지 1년이 못 되어서 동생 아말라가 사망하고 언니 카말라는 9년 뒤에 사망했다.

1년 반 동안의 끈질긴 교육 끝에 카말라는 직립할 수 있게 되었고, 카말라의 언어능력은 9년 후에는 유아 정도로 향상되었다.

늑대 인간에게 어떻게 자신이 늑대가 아니라 인간이라는 것을 알게 할 수 있을까? 늑대 인간은 과연 늑대가 아니라 인간이라는 것을 이해하고 받아들일 수 있을까? 늑대 인간이 인간이라는 것을 이해하지도 못하고 받아들이지도 못해도 그는 늑대가 아니라 인간인 것이 진실이다.

마찬가지로 사람들이 자신은 '중생'이 아니라 '부처'라는 것을 이해하지도 받아들이지도 못하지만, '모든 사람은 지금 이대로 본래부처'인 것이 진실이다. 이것이 불교 가르침의 핵심이다.

과거 신분제 사회에서도 천민들은 자신이 비천한 사람이지 결코 귀족들과 평등한 인간이라는 것을 이해하지 못했다. 비록 그들이 모든 인간은 평등한 존재라는 것을 이해하지 못하고 받아들일 수 없어도 모든 인간은 평등한 것이 진실이다.

그들에게 모든 인간은 평등하고 존귀한 존재라는 것을 어떻게 이해시킬 수 있을까? 인류가 모든 인간은 평등하다는 것을 이해하고 받아들이기까지 오랜 시간이 걸렸다.

불교 가르침의 내용은 크게 두 가지로 분류할 수 있다. 첫째는 진실에 대해 말하는 것이고, 둘째는 현실에 대해 말하는 것이다. 늑대 인간과 인간의 관계로 비유하여 말하면, 첫째는 인간(= 부처)에 대해 논하는 것이고, 둘째는 늑대 인간(= 중생)에 대해 논하는 것이다.

〈인간의 현실과 진실〉

현실 = 나	진실 = 참나
늑대 인간	인간
천민	평등한 인간
중생	부처

불교의 가르침은 늑대 인간을 구출한 사람들이 직면하는 문제와 같다. 그들에게는 늑대 인간에게 어떻게 '너는 늑대가 아니라 인간이라는 사실'을 알려서 이해시키고 깨닫게 하여 인간으로 살게 할 것인가가 문제의 핵심이었다.

부처님 역시 중생들에게 어떻게 '너희는 중생이 아니라 부처라는 사실'을 알려서 이해시키고 깨닫게 하여 부처로 살게 할 것인가가 문제의 핵심이다.

상사가 도를 들으면
단박에 행한다

 늑대 인간은 결국 인간임을 이해하지 못한 채 죽었다.

 과거 신분제 사회에서 만민평등 사상을 주장한 사람들이 있었다. 이에 대해 극히 일부 천민은 당장에 그것이 진실임을 이해하였지만, 많은 천민은 반신반의하거나 전혀 이해하지 못했다. 그래서 과거 신분제 사회에서 많은 천민이 자신이 '평등한 인간'이라는 것을 이해하지 못한 채 죽었다.

 오늘날에도 마찬가지일 것이다. '모든 사람이 지금 이대로 부처로서 평등하다'고 말하면 사람들은 어떻게 반응할까?

 아마 극히 일부 사람은 바로 이해하고 받아들이겠지만, 대다수 사람은 과거 신분제 사회에서 대다수 천민이 그랬듯이 반신반의하거나 전혀 이해하지 못할 것이다. 이것은 사람들의 영적靈的 이해 수준에 차이가 있기 때문이다.

 불교는 사람들을 영적 수준에 따라 크게 세 가지로 분류한다. '상근기上根機', '중근기中根機', '하근기下根機'가 그것이다. 하근기는 늑대 인간에게 너는 늑대가 아니라 인간이라고 진실을 말해 줘도 전혀 알아듣지 못하는 것처럼 영적으로 가장 낮은 수준의 사람을 말한다. 상근기는 진실을 말해 주면 당장 이해하고 수용하는 영적으로 가장 높은 수준의 사람을 말한다. 중근기는 중간 정도의 영적 수준인 사람을 말한다.

노자老子도 도덕경에서 사람들을 영적 수준에 따라 세 가지로 분류한 바 있는데, 영적 수준의 특징을 아주 잘 나타내고 있다.

<인간의 영적 수준 분류>

영적 수준		특징
불교	노자	
상근기	상사上士	"상사가 도道를 들으면 힘써 도를 행하고,
중근기	중사中士	중사가 도를 들으면 (가슴에 새겨) 보존하는 듯 잊은 듯하며,
하근기	하사下士	하사가 도를 들으면 크게 비웃는다. 하사가 비웃지 않는다면 도라고 하기에 부족하다."

필자는 젊은 시절 중학교 교사로 3년간 재직한 적이 있다. 그 경험에 의할 때 학생들이 공부하는 것을 기준으로 보더라도 노자의 구분이 너무나 정확한 것 같다. 극히 일부 학생들은 내가 공부하라고 말할 필요가 없다. 그들은 언제나 공부를 하고 있다. 쉬는 시간이나 점심시간에 다른 아이들이 돌아다니든 잡담을 하든 상관없이 늘 자리에 앉아 공부한다. 참으로 기특하다. 상근기 학생들이다.

한편 많은 학생은 내가 챙기고 관심을 가지고 칭찬을 하고 격려를 해야 공부한다. 자신이 아니라 선생님을 위해 공부하는 것 같다. 내가 학급 평균 올려서 교장 선생님한테 칭찬받으려고 저들에게 공부하라고 닦달하는 줄 안다. 중근기 학생들인 것이다.

또한 일부 학생들은 내가 전혀 지도할 수 없다. 내가 공부하라고 하면 공부해서 뭐하냐는 듯 피식피식 웃으며 서둘러 자리를 피해 버린다. 하근기 학생들인 것이다.

불교 가르침의 단계

수학의 사칙연산도 제대로 못 하는 초등학생들에게 고등학교 수준의 미분·적분을 바로 가르칠 수는 없다. 전혀 이해하지 못하기 때문이다. 초등학생이 미분·적분을 전혀 이해하지 못한다고 해서 포기할 것이 아니라, 그것을 이해할 수 있는 수준이 되도록 낮은 단계의 수학교육부터 시작해서 단계를 높여 나가야 한다.

그와 마찬가지로 사람들은 영적 수준에 차이가 있기 때문에 불교의 가르침도 사람들의 근기와 수준에 맞게 제공되어야 한다. '본래부처'라는 가르침을 이해하지 못한다고 해서 포기할 것이 아니라, 그것을 이해할 수 있도록 낮은 단계의 가르침을 먼저 주고, 그 단계를 점점 높여 나가야 한다.

수학의 내용을 초등학교 수준에서 박사과정 수준까지 나누어 볼 수 있듯이 불교의 가르침도 여러 단계로 나눌 수 있다. 불교의 가르침을 내용의 수준에 따라 분류하는 것을 '교상판석敎相判釋'이라고 한다. 줄여서 '교판敎判'이라고 한다.

교판은 이미 일부 경전에도 있지만, 특히 중국에서 동진 시대에 태동하고 남북조 시대부터 본격화하여 당나라 시대에 완성되었다. 우리나라의 원효 대사께서도 중국 교판의 완성에 큰 기여를 하셨다.

교판을 살펴보면, 불교의 가르침을 비교적 단순히 3단계로 분류하는 경우가 있는가 하면, 4단계부터 10단계까지 다양하게 분류하는 경우도 있다. 불교 경전의 경우 해심밀경은 3단계, 법화경과 열반경은 5단계로 나누고 있다.

필자는 이러한 교판에 의거하여 불교의 낮은 단계의 가르침에서 시작하여 그 단계를 점점 높여 나가며 논의를 전개하고자 한다.

이 책의 교판

필자는 기존의 교판을 참고하여 불교의 가르침을 8단계로 재분류하여 불교 이해에 활용하고 있다. 이 책에서도 특정 교판을 그대로 따르기보다 필자가 재분류한 교판을 사용하고자 한다.

〈이 책의 교판〉

단계	교판		단계	교판
1	인연종因緣宗		5	대승종교大乘終敎
2	유상교有相敎		6	돈교頓敎
3	공시교空始敎	대승시교大乘始敎	7	일승교一乘敎
4	상시교相始敎		8	원교圓敎

'인연종'은 중국 북조의 대표적인 교판인 '광통의 사종四種 교판'에서 채용하였으며, '유상교'는 중국 남조의 대표적인 교판인 '혜관의 오시五時 교판'에서 채용하였다.

'공시교', '상시교', '대승종교', '돈교'는 중국 화엄종의 교판인 '법장의 오종五種 교판'에서 채용하였다. '일승교'는 중국 남조의 스님인 유규 법사의 '오시칠계五時七階 교판'에서 채용하였고, '원교'는 중국 화엄종의 교판인 '법장의 오종五種 교판'에서 채용하였다.

<이 책 교판의 근거>

구분	교판자					해당 경전
	혜관	유규	광통	법장	종밀	
교판	유상교	인천교	인연종	소승교	인천교	제위파리경 아비담론
		아함경	가명종		소승교	아함경
	무상교	삼승교법	광상종	대승시교 / 공시교	대승파상교	반야경
				상시교	대승법상교	해심밀경
				대승종교	일승현성교	능가경 대승기신론
	포폄억양교	삼승교법		대승돈교		유마경
	만선동귀교	일승교법		대승종교		법화경
	상주교	상주교	상주종			열반경
				대승원교		화엄경

위의 표에서 '혜관의 오시五時 교판'은 중국 남조의 대표적인 교판이고, '유규의 오시五時 교판'은 중국 남조의 스님인 유규 법사의 '오시칠계五時七階'의 교판이며, '광통의 사종四種 교판'은 중국 북조의 대표적인 교판이다.

또한 '법장의 오종五種 교판'은 중국 화엄종의 교판이며, '종밀의 오종五種 교판'은 화엄종 제4조인 징관澄觀의 '선교일치론禪敎一致論'을 계승하여 종밀 대선사가 수립한 교판이다.

제 2 장

참나를 되찾는 터 닦기와 명상

1. 생사와 연기

석가모니 부처님께서 젊은 시절 우연히 왕궁 밖을 둘러보시고 사람들이 늙고 병들며 죽는 것을 보시고 인생무상을 절감하시어 왕궁을 버리고 출가하셨다. 사람은 누구나 죽는다는 것을 직시하시고 그것을 해결하기 위해서였다. 필자도 죽음 문제를 해결하기 위해 출가하고자 하였다. 죽음이 모든 것을 앗아가므로 죽음을 해결하지 않고서 살아가는 것은 전혀 무의미하다고 생각했기 때문이다.

죽음이란 무엇인가?

사람은 누구나 죽는다. 죽음으로 모든 것이 무無로 돌아간다. 그렇다면 이 삶이 무슨 의미가 있는가? 죽음 이후에는 어떻게 되는가? 정말 죽음으로 모든 것이 끝인가? 이런 것들이 20대 때 필자의 최대 관심사였고 반드시 해결해야 할 문제라고 생각했다.

지금 돌이켜 보면 이런 문제는 기본적으로 당시 필자 마음의 분별에 따른 것이었다. 마음의 분별에 이끌려 갈 것이 아니라 보다 근본적으로 접근했어야 했다.

죽음이 정말 있는가? 죽음이 있다면 그 죽음이란 무엇인가? 이렇게 근본적으로 접근해 들어갔어야 했다. 하지만 그런 자세가 부족했다. 20대의 어린 나이였으므로 당연한 일이기도 하다.

이러이러한 것이 죽음이라고 규정하여 죽음이 있다고 전제하고, 출가해서 반드시 죽음을 해결해야 한다고 생각했다. 이렇게 태평스럽게 앉아서 죽음을 기다릴 수만은 없다고 조바심을 냈다.

제자들아, 이 노老병病사死가 세상에 파견된 세 가지 천사天使이니라. 천사를 보고도 못 깨닫는 이는 영원히 슬퍼하리라.
「아함경」

연기설

죽음이 무엇이며 죽음이 있는가 하는 문제를 논의하기 전에 천지 만물은 어떻게 생겨나게 되었는가 하는 문제부터 살펴보기로 한다. 이는 죽음이 무엇인가를 이해하는 데 크게 도움이 되기 때문이다.

천지 만물의 생성에 대해 인간의 사고를 오랫동안 지배했던 관점이 '창조론'이다. 어떤 절대적 존재인 창조주가 있어서 그가 천지 만물을 만들었다는 주장이다. 이 관점은 오늘날도 많은 사람이 신봉하고 있다. 인도 브라만교에서는 절대자 '브라만Brahman'이 이 세상의 천지 만물을 창조했다고 주장하고, 서양의 기독교는 절대자 'God하느님, 하나님'이 이 세상의 천지 만물을 창조했다고 주장한다.

하지만 근대 들어 자연과학이 발달하면서 창조설은 그 힘을 크게 잃게 되었고, 그 자리를 '진화론'이 대신 차지한 것은 잘 알려진 바이다.

천지 만물이 어떻게 생겨나게 되었는가에 대한 불교의 설명은 단일하지 않다. 설명의 수준에 단계적 차이가 있는 몇 가지의 관점이 있다. 곧바로 이해할 수 있는 비교적 단순한 관점이 있는가 하면, 좀처럼 이해하기 힘든 관점도 있다.

그중에서 가장 기본적이고 전형적인 관점이 '연기설緣起說'이다.

부처님께서 보리수 아래에서 깨달음을 얻었고 그 깨달음의 핵심 내용이 뭐냐고 할 때 그것은 '연기법緣起法'이라는 것이 일반적이다. 그만큼 연기설은 불교의 핵심 가르침의 하나라고 할 수 있다. "이것이 있으므로 저것이 있다."라는 잡아함경의 표현은 연기설의 핵심을 잘 나타낸다.

> 연기의 진리(연기법)는 내가 만든 것이 아니며, 또한 다른 사람이 만든 것도 아니다. 여래가 이 세상에 나오거나 나오지 않거나 간에 진리는 항상 있어서, 여래는 이 진리를 스스로 깨닫고 최고의 깨침을 성취하여 모든 중생을 위하여 밝혀서 열어 보이고 나타내 보이느니라.
>
> 「잡아함경」

이것이 있으므로 저것이 있다

연기는 '인연생기因緣生起'의 준말로서 모든 것이 원인(인因)과 조건(연緣)의 화합에 의해 그 결과(과果)로 생겨난다는 것을 뜻한다. 모든 것은 원인과 조건, 즉 인연 따라 생겨나고 인연 따라 없어진다. 이것이 있으므로 저것이 있고, 이것이 없으므로 저것도 없다. 그러므로 모든 것은 스스로 존재하지 못하고 다른 것에 의지하여 존재한다.

부처님 생존 당시 이 세상의 천지 만물은 절대자 브라만에 의해 창조되었다는 것이 대다수 인도인의 믿음이었다. 부처님의 연기설은 그 믿음을 부정하는 것이므로 과히 파격적인 주장이 아닐 수 없었다.

> 이것이 있으므로 저것이 있고 이것이 생기므로 저것이 생긴다. 이것이 없으므로 저것이 없고 이것이 사라지므로 저것이 사라진다.
>
> 「잡아함경」

연기설은 현상계 삼라만상을 자세히 관찰하면 누구나 도출할 수 있는 당연한 논리이다. 예를 들어, 가을 들판에 벼가 노랗게 익었다. 이 노란 벼가 어떻게 생겨났을까? 당연히 봄에 농부가 씨를 뿌린 '원인'이 있고, 비가 오고 태양이 내리쬐며 농부가 농약을 치고 가꾼 '조건'이 있어서, 그 '결과'로 노랗게 익은 벼가 생겨난 것이다. 인연생기, 즉 인연 따라 생긴 것이다.

어떤 절대자가 창조한 것이 결코 아니다.

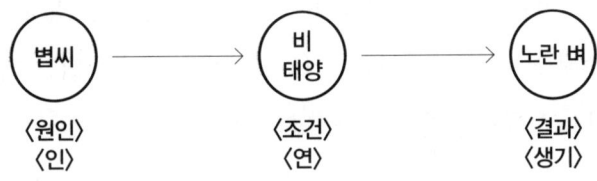

수레는 부품의 합이다

나선비구경에서 나선那先 비구는 인간을 수레에 비유하여 설명하였다. '수레의 비유'는 불교의 연기설을 잘 보여주는 것이기도 하다. 나선 비구는 수레가 부품들을 조립함으로써 생겨난 것처럼 인간 역시 여러 요소의 합으로 생겨난 것이라고 설명하였다.

나선비구경에서 나선 비구는 부처님의 가르침을 놓고 미란다 왕과 치열한 논쟁을 벌이면서 인간의 실체를 수레에 비유한다. 이 수레의 비유는 인간의 실체에 대해서도 그 핵심을 찌르는 것일 뿐만 아니라 연기설의 핵심이 무엇인지도 잘 보여준다.

> 무엇을 수레라 할 것인가? 바퀴인가? 아니면 마부가 앉는 자리인가? 수레의 바닥인가?
>
> 「나선비구경」

불교에서 인간의 몸을 구성하는 요소를 크게 네 가지로 나눈다. 그것을 지地·수水·화火·풍風의 '사대四大'라고 한다. 지地는 피부, 뼈, 근육, 살, 머리카락 등 '땅의 요소'를 말하고, 수水는 피, 침, 눈물, 오줌 등 '물의 요소'를 말하며, 화火는 온기로 '불의 요소'를, 풍風은 호흡, 느낌 등 '바람의 요소'를 말한다. 이러한 네 가지 요소가 합쳐져서 인간의 몸이 생겨난다.

이는 마치 수레의 부품이 합쳐져서 수레가 생겨나는 것과 동일하다.

사람이 태어나는 것, 즉 생유生有 역시 다른 것에 의지하여 있게 된다. 인연생기인 것이다. 정자와 난자가 수정되어 사대四大가 인연 화합하여 형성된 것이 태아이고, 태아가 모태에서 분리되는 것이 출생이기 때문이다.

스스로 존재하는 것은 없다

우리는 모든 것이 그 자체로 존재한다고 생각하기 쉽다. 그러나 자세히 들여다보면 그렇지 않음을 알 수 있다. 우리 주변에 있는 어떤 것을 보더라도 모두 연기적 존재이기 때문이다. 다른 것에 의지하지 않고 그 자체로, 즉 '스스로 존재하는 것'은 정말로 찾기 어렵다.

필자가 지금 타이핑 작업을 하고 있는 이 컴퓨터도 여러 부품을 조립함으로써 비로소 존재한다. 컴퓨터가 놓여 있는 이 책상도 마찬가지이다. 집도 마찬가지이고, 저 길에서 달리는 자동차도 마찬가지이다. 지금 창문 너머로 보이는 나무들도 마찬가지이다. 그 자체로, 즉 '스스로 존재하는 것'을 찾을 수 없다.

연기의 원리로 보면 죽음, 즉 사유死有 역시 스스로 존재하는 것이 아니라 다른 것에 의지하여 존재할 수밖에 없음이 당연하다. 잡아함경에서는 죽음을 "의식의 다함, 체온의 분리, 목숨의 소멸, 육체의 소멸"로 정의한다. 죽음은 스스로 존재하는 것이 아니라 의식의 다함, 체온의 분리, 목숨의 소멸, 육체의 소멸 등에 의지하여 존재한다.

또한 의식의 다함, 체온의 분리, 목숨의 소멸, 육체의 소멸은 의식, 체온, 목숨이 담겨 있는 육체를 전제로 한다. 육체의 소멸은 육체의 존재를 전제로 함은 말할 것도 없다.

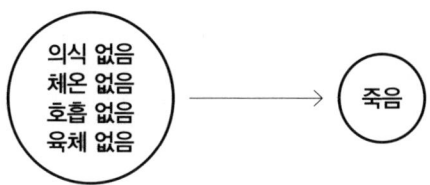

따라서 죽음은 육체의 탄생, 즉 생유生有에 의지함으로써 있게 되는 것임을 알 수 있다. 태어남이 있으므로 죽음이 있는 것이다. 태어남이 없으면 죽음도 없게 된다.

수레를 해체하면 수레는 없다

창조론이든 연기설이든 모두 천지 만물이 '존재한다는 것을 전제'하고 그것이 어떻게 생겨나게 되었는지를 설명하는 이론이다. '전제'가 아니라 오히려 '사실'로 받아들이고 그 '사실'을 설명하려고 하는 이론이라고 하는 것이 더 정확한 표현일 것이다. 대다수 사람이 이 천지 만물이 실제로 존재한다고 철석같이 믿기 때문이다.

생유와 사유, 즉 태어남과 죽음도 마찬가지이다. 대다수 사람은 생生과 사死가 실제로 존재한다고 철석같이 믿고 있다. 불교의 연기설이란 천지 만물이 실제로 존재한다고 철석같이 믿고 있는 부류의 사람들을 대상으로 해서 그것이 존재한다고 전제하고 그것이 어떻게 존재하게 되었는지를 설명하는 이론이다. 불교의 가르침을 수준에 따라 단계를 나눈 교판에서 '인연종因緣宗'과 '유상교有相教'가 여기에 해당한다.

수레의 부품을 해체해 버리면 거기에는 해체된 부품들만 나뒹굴 뿐 수레는 없다. 그러므로 수레는 다른 것에 의지하지 않고 그 스스로 존재하는 고정·불변의 실체가 아니다. 다시 말해 수레는 '자체의 성품(자성自性)'이 있는 것이 아니다. 수레에서 '수레'라고 할 만한 '어떤 고정·

불변의 실체'를 찾을 수 없다. 수레를 들여다보면 온통 부품들뿐이다. 바퀴를 수레라고 할 수 없고, 마부가 앉는 자리를 수레라고 할 수 없으며, 수레의 바닥을 수레라고 할 수도 없다. 수레는 부품들이 합쳐져 있는 것일 뿐이다.

이렇게 수레는 부품을 조립하면 '있고', 부품을 해체하면 '없는' 존재인 것이다. 이런 것을 과연 '있다'고 할 수 있는가? 어떤 것이 '진정으로 있는 것'이 되려면 다른 것에 의지하지 않고 그 자체 '스스로 있는 것'이어야 한다.

이런 입장에서 보면 부품이 조립되어 있다고 해서 그것을 '수레가 있다'고 할 수 없게 된다. '수레'라고 할 만한 '어떤 고정 · 불변의 실체'가 없기 때문이다.

반대로 부품을 해체해 버리면 수레는 없게 되는데, 이때 수레가 '없어졌다'고 할 수 있는가? '자체의 성품'을 기준으로 '있음'과 '없음'을 판단하는 입장에서 보면, 수레가 '없어졌다'고 할 수 없게 된다. 수레가 없어졌다고 해서 고정 · 불변의 실체를 가진 '어떤 것'이 없어진 것이 아니기 때문이다. 수레는 부품들을 합쳐놓은 것에 '수레'라는 이름을 붙인 것일 뿐 원래 '수레라는 고유한 자성'을 가진 '어떤 것'이 없었다.

수레의 예에서 보듯이 인연 따라 생겨난 것은 모두 '자체의 성품'이 없다. 그 자체로 독립적으로 존재하는 것이 아니라 다른 것에 의존하여 존재하기 때문이다. 인연생기因緣生起한 것은 무엇이든 고정·불변의 실체가 아니다. 그래서 늘 변하며, 그렇기에 무상하다. 고정·불변의 실체가 아닌 것을 결코 '있다'고 할 수 없다.

이와 같이 연기설은 겉보기에는 이 세상 삼라만상의 생성 소멸을 설명하기 위해 세워진 논리 같지만, 그 속을 깊이 들여다보면 일체 존재의 실체성을 부정하기 위해 세워진 논리임을 알 수 있다. 따라서 일체 존재의 생성 소멸을 설명하기 위한 연기설을 사용하여 역으로 '일체 존재가 실제로는 존재하지 않는다'는 것을 설파할 수 있다.

그 핵심은 인연생기인 것은 '무자성無自性', 즉 '자체의 성품'이 없다는 데 있다. '인연생기인 것은 모두 무자성'이라는 관점에 철저하게 서서, 이 세상 삼라만상을 본 것이 '공시교空始敎'이다.

> 인연으로 생겨나는 것을 나는 공空이라고 말하노라.
>
> 용수 보살, 「중론」

죽음은 없다 ①

여름 해수욕장에서 관광객을 위한 이벤트로 모래조각전을 연다. 조각가들이 와서 다양한 모래조각상을 만든다. 모래로 유명한 배우를 근사하게 만들기도 하고, 고풍스러운 고성古城상을 만들기도 한다.

해수욕장에 배우상과 고성상이 있는가?

인연종과 유상교의 관점에서 보면 당연히 '있다'. 하지만 공시교의 관점에서 보면 '없다'. 그건 단지 모래를 배우나 고성의 모양으로 쌓아놓은 것에 불과하기 때문이다. 배우도 없고 고성도 없으며 모래뿐이다. 겉으로 드러난 모양에 집착하지 않고 본질을 보는 것이다.

생生과 사死도 마찬가지이다.

수레의 부품이 조립되어 수레가 되었듯이 사대四大가 인연 화합하여 사람이 되었다. 이것을 '생生'이라고 이름을 붙였다. 또한 수레의 부품이 해체되어 수레가 없어졌듯이 사대四大가 흩어져서 사람이 없어졌다. 이것을 '사死'라고 이름을 붙였다.

인연종의 관점에서 겉모습에 초점을 맞추게 되면 생生도 있고 사死도 있다. 겉으로 드러난 형상에 집착하여 해변에서 모래로 배우를 만든 것을 배우가 생겼다고 착각한 것과 같고, 배우상이 허물어진 것을 보고 배우가 없어졌다고 아쉬워하는 것과 같다.

하지만 지혜로운 관점인 공시교의 눈으로 보면 생生도 없고 사死도 없다. 사람이 태어날 때 '어떤 고정·불변의 실체'가 생겨난 것도 없고, 사람이 죽을 때 '어떤 고정·불변의 실체'가 사라진 것도 없기 때문이다. 수레가 '무자성'이듯이 사람도 '무자성'이기 때문이다.

부처님께서 젊은 시절 궁궐 밖으로 나가서 사람들이 죽은 사람들을 화장하는 것을 보고 자신도 죽는다는 사실에 눈을 떠서 그것을 해결하려고 왕궁의 행복을 버리고 히말라야 산속으로 출가하였다.

그런데 수행하여 연기법을 깨닫고 보니 죽음이라는 것은 본래 없었다!

죽음이란 아이들이 해변에서 장난으로 모래성을 쌓았는데 파도가 밀려와서 쌓은 모래가 원래 자리로 돌아간 것과 같은 것인데, 그걸 모르고 사대四大인 육신이 원래 자리로 돌아가는 것을 죽음이라고 규정하고 지레 겁을 먹었던 것이다.

20대 때 필자도 인연종의 관점에 갇혀 있었기 때문에 죽음이 있다고 단정하고 그 숱한 날을 괴로워했다. 물론 그런 문제의식이 있었기에 그 '무상관無常觀'을 기반으로 '죽음은 본래 없다'는 이 어마어마한 가르침을 얻을 수 있었다.

이런 불법佛法을 만나다니 참으로 크나큰 행운이 아닐 수 없다.

수레는 있는 것인가, 없는 것인가?

'있다'고 하면 모양과 이름에 집착하는 것이고, '없다'고 하면 무無에 떨어진 것이다. 모양에 집착하지도 않고 무無에도 떨어지지 않으면서, 지금 '있다'고 말하기도 하고 '없다'고 말하기도 하는 '그것'에 초점을 맞출 수 있어야 한다. 그러면 상시교의 단계로 올라가게 된다.

수레는 있는 것도 아니고 없는 것도 아니다.

사람들은 사물을 인식할 때 일반적으로 '있다[유有]' 아니면 '없다[무無]'라는 양극단으로만 인식하는 데 길들여져 있다. 다시 말해 '있다'는 견해[유견有見]나 '없다'는 견해[무견無見], 즉 편견에 빠져있는 것이 일반적이다. 그래서 예컨대 '있으면서 없고, 없으면서 있다'라든가 혹은 '있는 것도 아니고 없는 것도 아니다'라고 말하면 이해하지 못한다.

하지만 '있다' 혹은 '없다'라는 양극단으로는 존재 사물을 제대로 이해하거나 표현하기 어려운 경우가 많다. 오히려 '있다', '없다'라는 편견을 떠날 때 존재의 실상을 훨씬 더 잘 이해할 수 있다. 존재의 실상은 유와 무를 떠나 있기 때문이다.

수레의 부품을 조립하면 부품으로 있을 때와는 전혀 다른 모습의 물체, 즉 수레가 생긴다. 이렇게 '현상現象'에 초점을 맞추면 수레는 분명히 있다. 하지만 수레에는 고정·불변하는 자성이 있는 '어떤 것'이 없다. 이렇게 '실체實體'에 초점을 맞추면 수레는 없다. 따라서 수레는 '있으면서 없고 없으면서 있는 것', 즉 '있기도 하고 없기도 한 것'이다. 이를 '역유역무亦有亦無'라고 한다. 또한 수레는 '있는 것도 아니고 없는 것도 아닌 것'이기도 하다. 이를 '비유비무非有非無'라고 한다.

이와 같이 '유-무'의 양극단이 아니라 '있으면서 없고 없으면서 있다[역유역무亦有亦無]', 혹은 '있는 것도 아니고 없는 것도 아니다[비유비무非有非無]'라고 인식하는 것을 불교에서 '중도中道' 또는 '중관中觀'이라고 한다.

죽음 역시 마찬가지이다. 육체의 소멸이라는 '현상'에 초점을 맞추면 죽음은 '없는 것이 아니다[비무非無]'. 육체의 소멸이라는 현상이 있기 때문이다. 하지만 육체는 고정·불변하는 자성이 있는 것이 아니므로 육체가 소멸한다고 해서 고유한 자성을 가지고 있는 '어떤 것'이 없어진 것이 아니다. 인연 화합으로 생겨나서 임시로 존재했던 육체가 인연이 다해서 원래대로 돌아가는 것일 뿐이기 때문이다. 따라서 '실체'에 초점을 맞추면 죽음은 '있는 것이 아니다[비유非有]'.

〈중도〉

생사	현상	역유亦有 = 비무非無	중도
	실체	역무亦無 = 비유非有	

이렇게 존재 사물이 '있는 것도 아니고 없는 것도 아니다'라는 '비유비무'라는 중도의 관점, 즉 현상과 실체를 '동시에' 그리고 '균형 있게' 보는 것은 매우 중요하다. 사람들은 '현상'이나 '실체'의 한 측면만을 보는 경향이 강하기 때문이다.

사람들은 죽음의 '있는 측면', 즉 현상만을 보면 죽음은 두렵고 슬프고 괴로운 것이라고 생각하여 집착하게 된다. 반대로 '실체'에만 초점을 맞추어 '없는 측면'만을 보면 현상인 이 오온과 삶은 허무한 것이 되어 허무주의에 빠지고 만다.

반면에 중도로 보면, '있는 측면'에만 국한하여 보지 않으므로 오온과 삶에 대해서도 집착하지 않게 되고 죽음을 두려워하거나 괴로워하지 않게 된다. 또한 '없는 측면'에만 국한하여 보지 않으므로 현상적으로 순간순간 생멸하며 존재하는 이 오온과 오온의 삶을 소중하게 생각한다. 그래서 현상적으로는 '지금 이 순간'을 떠나서는 자신의 존재나 삶이 따로 있는 것이 아님을 알게 되므로 '지금 이 순간'에 충실하여 삶을 살 수 있는 길이 열리게 된다.

〈생사의 유무〉

교판	태어남	죽음	비고
1. 인연종因緣宗	있음	있음	현상에 초점
2. 유상교有相敎	있음	있음	
3. 공시교空始敎	없음	없음	실체에 초점
4. 상시교相始敎	비유비무	비유비무	현상과 실체의 균형

죽음은 없다 ②

인연 따라 생겨났던 육신이 인연이 다해 소멸하는 현상은 있지만, 고정·불변하는 자성을 가진 어떤 '실체'가 없어지는 것은 아니다. '죽음'이란 단지 '육신이 소멸하는 현상'에 대해 붙인 이름에 불과하다. 그러므로 죽음은 사람의 생각 속에만 있는 허상이다. 실제로는 없는 것인데 사람들이 있다고 생각하는 것일 뿐이다.

이것을 몰랐기에 필자는 젊은 시절 그 숱한 번민의 날들을 보냈다. 이는 마치 어두운 밤길을 가다가 죽은 고목나무가 서 있는 것을 보고 그것이 귀신인 줄 착각하고 도망가다가 넘어지고 물에 빠지는 고초를 겪는 것과 같다.

생生도 사死도 자체의 성품이 없는 것이다. 단지 인연생기한 것에 불과하다.

또한 생生도 사死도 '모습'과 '이름'은 있지만, 그 '스스로 존재하는 것'이 아니라 그것을 인식하는 사람의 '마음에 의지'하여 있는 것이다. 잠이 들어 마음이 작용하지 않으면 생사生死라는 모습도, 생사生死라는 이름도 없다.

마음이 작용해야 비로소 모든 것이 존재하게 된다. 세상의 그 어떤 것도 결코 마음을 떠나 그 홀로 세워지지 않는다. 이 부분은 곧바로 이해되지 않을 수도 있다. 뒤에서 더 자세히 논의할 것이다.

> 모든 부처님들께서 세간에 출현하는 것은 무명 중생들로 하여금 생사를 벗어나서 열반에 들게 하기 위한 것이 아니라 다만 중생 마음속의 생사와 열반이라는 두 소견을 제도하기 위함일 뿐이다. …… 이는 생사와 열반이 모두 움직이는 '몸과 마음'을 허망하게 붙잡아 '나'로 삼음으로써 일어나는 번뇌요, 정식情識의 분별일 뿐임을 밝히는 것이다.
>
> 「사익경」

생生도 사死도 마음을 떠나 그 스스로 존재하지 못한다. 마음에 의지하여 존재하는 것이므로 '진정으로 존재하는 것', 즉 실체가 아니다. 꿈이 '꿈꾸는 마음'에 의지하여 존재하므로 '진정으로 존재하는 것'이라고 할 수 없는 것과 같다.

그러므로 생生이라는 이름도 사死라는 이름도 모두 실체가 없는 빈 이름에 불과하며, 생生이라는 모습도 사死라는 모습도 또한 모두 실체가 없으니 꿈이나 환영과 다를 바 없다.

생生도 사死도 '마음의 분별'로 일어난 '한 생각'에 불과하다. 그러므로 생사生死로 번민하는 것은 어리석은 일이다. 지난밤의 꿈을 가지고 이리 따지고 저리 따지며 번민하는 것과 다르지 않기 때문이다.

그 어리석은 일을 젊은 시절의 필자가 범하고 있었다.

> 생生은 다른 것을 좇아 생기며 사死도 다른 것을 좇아 생긴다. 만약 이와 같이 집(근원)에 도달한 사람은 생사가 있음도 보지 않고 생멸이 없음도 보지 않는다.
>
> 대전 화상(중국 송나라), 「대전화상주심경」

2. 인간 이해와 명상

사유四有 중에서 앞에서 살펴본 생유(출생)와 사유(죽음)에 이어 이제 본유(즉, 사람의 일생 삶)에 대해 살펴볼 차례이다. 그에 앞서 그 삶을 영위하는 주체인 인간을 불교는 어떻게 이해하고 있는지를 살펴보고자 한다. 인간을 이해하는 핵심은 마음과 마음의 구조를 이해하는 것이다. 마음을 빼면 인간이란 목석과 다름이 없기 때문이다. 그래서 불교는 마음을 심층적으로 탐구해왔다. 명상은 우리가 마음과 마음의 구조를 꿰뚫어 볼 수 있게 하는 데 매우 유용한 도구이다.

불교의 인간 이해 ① : 오온

불교는 인간을 기본적으로 '몸과 마음의 결합체'로 본다. 사람들의 일반적인 생각과 크게 다르지 않다. 몸은 물질적 요소인 색色이 쌓인 것으로 '색온色蘊'이라고 한다. 마음은 수受·상想·행行·식識의 네 가지 온蘊으로 구성된다. 온蘊은 에너지가 뭉쳐서 '쌓인 것'을 말한다.

인간 = 몸 + 마음

몸 = 지 + 수 + 화 + 풍

마음 = 수 + 상 + 행 + 식

이렇게 불교는 인간을 '몸과 마음'을 구성하는 다섯 가지 온蘊이 인연 화합하여 생겨난 존재, 즉 '오온五蘊'이라고 부른다. 인간은 다섯 가지의 존재 요소들이 화합하여 생겨난 임시적 존재인 오온이다.

그러므로 오온인 인간은 그 자체로 존재하는 독립적인 실체가 아니다.

오온 = 색 + 수 + 상 + 행 + 식

〈오온의 내용〉

오온	내용	
색色	물질적 요소	몸
수受	사물을 느끼는 마음 작용. 감수 작용	마음
상想	사물을 인지하는 마음 작용. 지각 작용	
행行	생멸하는 일체의 마음 작용. 형성 작용	
식識	사물을 식별하는 마음의 본체. 식별 작용	

불교의 인간 이해 ② : 6근과 6식

오온에는 보고, 듣고, 냄새 맡고, 맛보고, 움직이고, 생각하고 아는 여섯 가지의 감각기관이 갖추어져 있다. 이것을 '6근六根'이라고 한다. 눈인 안근眼根, 귀인 이근耳根, 코인 비근鼻根, 혀인 설근舌根, 몸인 신근身根, 마음인 의근意根이 그것이다.

이 6근에 대응하는 외부의 여섯 가지 대상을 '6경六境' 혹은 '6진六塵'이라고 한다. 눈으로 보는 대상은 안경眼境인데, 형상인 색色이 그것이다. 귀로 듣는 대상은 이경耳境인데, 소리인 성聲이 그것이다. 코로 냄새 맡는 대상은 비경鼻境인데, 냄새인 향香이 그것이다. 혀로 맛보는 대상은 설경舌境인데, 맛인 미味가 그것이다. 몸으로 접촉하는 대상은 신경身境인데, 촉감인 촉觸이 그것이다. 마음[의意]으로 생각하고 아는 대상은 의경意境인데, '오감五感과 생각'인 법法이 그것이다.

6근은 인식주관이라고 할 수 있으며, 6경은 인식주관의 인식대상이다. 여섯 가지 인식주관인 6근과 여섯 가지 인식대상인 6경이 상호 교섭을 함으로써 '대상에 대한 앎'이 각각 발생하는데, 이것을 '6식六識'이라고 한다. 눈이 나무를 보고 그 형상을 느끼는 것을 안식眼識이라고 한다. 귀가 노래 소리를 듣고 소리를 느끼는 것을 이식耳識이라고 한다. 비식鼻識, 설식舌識, 신식身識, 의식意識도 동일하다. 6근, 6경, 6식을 합쳐서 '18계界'라고 한다.

〈6근과 6경〉

6근		6경	
안근眼根	안眼 눈	안경眼境	색色
이근耳根	이耳 귀	이경耳境	성聲
비근鼻根	비鼻 코	비경鼻境	향香
설근舌根	설舌 혀	설경舌境	미味
신근身根	신身 몸	신경身境	촉觸
의근意根	의意 마음	의경意境	법法

〈18계〉

6근		6식	6경	
안근眼根	눈	안식眼識	안경眼境	색
이근耳根	귀	이식耳識	이경耳境	성
비근鼻根	코	비식鼻識	비경鼻境	향
설근舌根	혀	설식舌識	설경舌境	미
신근身根	몸	신식身識	신경身境	촉
의근意根	마음	의식意識	의경意境	법

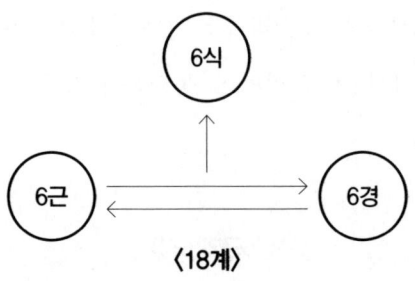

〈18계〉

불교에서 인간이란 다섯 가지 요소인 색수상행식色受想行識의 온이 인연 화합되어 있는 존재, 즉 오온이다. 오온에 갖추어져 있는 6근으로 바깥의 대상 사물인 6경을 인식하는 존재이다. 눈과 귀로 보고 듣고, 코로 냄새 맡고 숨 쉬며, 혀로 맛보고 말하며, 몸으로 만지고 움직이며, 마음[의意]으로 생각하고 아는 존재이다. 6근으로 6경을 견문각지見聞覺知 하는, 즉 보고 듣고 느끼고 아는 존재인 것이다.

6식은 비슷한 것을 묶어서 견문각지見聞覺知의 네 가지로 분류할 수 있다.

〈6식〉

안식眼識	견見
이식耳識	문聞
비식鼻識	각覺
설식舌識	
신식身識	
의식意識	지知

마음 구조의 이해 ① : 전5식과 제6식

인간을 이해하기 위해서는 인간의 마음 구조를 이해하는 것이 핵심이다. 우리는 자신을 잘 안다고 생각하지만 실제로는 그렇지 못하다. 자신의 마음 구조, 즉 마음이 어떻게 작동하는지를 잘 모르기 때문이다.

불교는 인간의 마음을 매우 세밀하고 심층적으로 분석하고 있다. 인간의 마음 구조를 이해하는 것이 인간이 괴로움에서 벗어날 수 있는 지름길이기 때문이다.

불교는 인간의 마음을 8가지로 분류하고 있다. 안식·이식·비식·설식·신식의 5가지 식(전前5식), 의식(제6식), 말나식(제7식), 아뢰야식(제8식)이 그것이다.

'전前5식'이라는 마음은 안·이·비·설·신의 다섯 가지 감각기관이 그에 대응하는 감각대상을 느끼는 감수 작용을 말한다. 보고, 듣고, 냄새 맡고, 맛보고, 몸으로 느끼는 감각을 말한다. 그래서 전5식은 '감각식感覺識'이라고도 한다.

전5식은 그 스스로 자동으로, 즉 무의식적으로 작용한다. 꽃이 나타나면 눈은 자동으로 그것을 느끼게 된다. 느끼지 않으려고 해도 저절로 느껴진다. 전5식의 입장에서 볼 때 스스로 작용하므로 '능동적인 식識'이라고 할 수 있다. 전5식은 대상을 있는 그대로 느낄 뿐, 그것에 대해 좋다거나 싫다거나 하는 등으로 분별하는 기능이 없다.

꽃이 나타났을 때 눈은 그 형상과 색깔을 느끼기만 할 뿐 그것이 꽃인 것을 알지 못한다. 그 물체가 꽃인 것을 알게 되는 것은 '제6식'이라는 마음의 작용에 의해서다. 그래서 제6식을 '대상의식'이라고 한다.

제6식은 전5식 중 어느 하나의 식이 발생하면 그것과 동시에 자동으로 발생한다. 제6식은 의근意根으로 대상 사물을 분별하고 종합하여 개념적으로 인식하는 마음이다. 제6식은 눈이 느낀 물체를 분별하여 그것을 꽃이라고 인식하게 된다. 그러한 형태의 물체는 꽃이라고 알고 있는 지식을 기억하여 꽃이라고 알게 된다.

또한 꽃이 나타났을 때 코는 꽃에서 나는 냄새를 느낀다. 하지만 그것이 무슨 냄새인지 인식하지 못하고 느끼기만 할 뿐이다. 이때 제6식이 작용하여 과거의 경험과 지식을 떠올려 그 향기가 라일락의 향기라고 인식하게 된다.

제6식이 꽃을 인식할 때 꽃에 벌이 날아와서 앉으면, 제6식은 벌을 인식할 뿐만 아니라 벌이 왜 꽃에 날아와 앉는지도 생각하게 된다.

안식과 비식 이외의 이식·설식·신식의 경우에도 마찬가지이다.

이와 같이 제6식은 오관에 감수된 대상을 분별하고 종합하여 판단하고 통합하는 기능을 하는 의식적인 작용이다. 그래서 제6식의 입장에서 볼 때 자기가 스스로 능동적으로 작용하는 것이 아니므로 '수동적인 식'이라고 할 수 있다.

제6식은 안에 있는 5근이 밖에 있는 5경을 감수한 전5식, 즉 오감五感을 인식대상으로 할 뿐만 아니라 내면에서 일어나는 생각이나 감정 등도 인식대상으로 한다. 그래서 제6식에 대응하는 경境인 법法은 '오감과 내면의 생각·감정'을 말한다.

제6식은 보고, 듣고, 냄새 맡고, 맛보고, 몸으로 느끼는 전5식을 통솔하는 인간의 일상적인 마음이다.

제6식은 견문각지를 경험하는 주체이므로 사람들이 제6식을 '나'라고 생각한다. "내가 보고 듣는다."라고 말할 때 '나'는 보고 듣는 주체(인식주관)인 제6식을 가리킨다.

마음 구조의 이해 ② : 제7식 ①

　전5식과 제6식은 '표층의 마음'이다. 전5식과 제6식은 마음의 표층에서 대상을 지각하고, 분별하며, 이성적 사유를 하는 마음이다. 일반인들도 그 존재를 알고 있는 마음이다. 이러한 표층적인 마음 작용이 일어나는 배후에는 그러한 작용을 일어나도록 하는 원동력이 되는 '심층의 마음'이 있다.

　사람들이 그 존재를 잘 알지 못하는 심층적인 마음에는 두 가지가 있다. '제7식'과 '제8식'이 그것이다. 이를 불교에서는 각각 '말나식'과 '아뢰야식'이라고 부른다. 서양 심리학에서 '잠재의식'과 '무의식'이라고 부르는 것과 유사하다고 할 수 있다.

　제7식은 대상을 인식하는 감각기관인 '의意', 즉 인식주관 자체가 자기를 인식하는 식(마음)이다. 인식대상을 인식하는 인식주관이 자기를 인식하는 것이므로 이는 곧 '자아의식自我意識'이다. 그래서 제7식을 '아견식我見識'이라고 부른다.

제6식은 감각기관 의意, 즉 의근意根이 대상과 접촉할 때 비로소 발생하는 '대상의식'이므로 대상인 법경法境이 없으면 제6식은 일어나지 않는다. 하지만 제7식은 '의意' 자신에 대한 식이므로 대상이 없어도 발생한다.

〈제6식과 제7식〉

제6식	의근(주관)의 대상(객관)에 대한 인식
제7식	의근(주관)의 의근(주관)에 대한 인식 : 자아의식

제7식의 기본적인 기능은 생각하는 것, 즉 사량분별思量分別이다. 우리가 외부대상을 견문각지 할 때 우리의 의지와 무관하게 생각이 일어난다. 또한 외부대상을 견문각지 하지 않을 때도 우리의 의지와 무관하게 생각이 일어난다. 제7식의 작용 때문이다. 그래서 제7식을 '사량식思量識'이라고도 한다.

제6식 다음의 심층적인 식이라는 의미에서 제7식이라고 하고, 'manas(의意)'를 음역하여 말나식末那識이라고 한다.

'의意'가 대상을 견문각지 하므로 제7식은 대상을 견문각지 하는 의意 자신을 (세상의) 주인이라고 생각한다. 이러한 사량분별은 제7식의 고유한 작용이다. 이는 의식 차원의 분별보다 더 심층에서 발생하는 사량분별이며 자기 자신에 대한 집착이다. 이러한 사량분별은 인간의 근본적인 '아집我執'이다.

그러므로 제7식 안에는 자기 자신을 보존하려는 무의식적인 욕망, 충동, 의지, 본능 등이 자리 잡고 있다. 그에 따라 제7식은 제6식이 대상을 견문각지 할 때 자기중심적으로 생각하도록 영향을 미친다. 이것이 제7식의 본질적인 특징이다.

우리가 사람이나 사물을 대할 때 자기중심적으로 대하려고 하는 것이나, 다른 사람과의 관계에서 우월감이나 열등감을 느끼는 것 등이 모두 제7식의 작용 때문이다.

> 다음 두 번째로 능변能變하는 이 식識을 말나식이라고 한다. (말나식은) 그것(제8식)을 의지하여 움직이고, 그것(제8식)을 의지하여 사량하는 것으로 체성體性과 행상行相을 삼는다.
>
> 세친, 「유식삼십송」

마음 구조의 이해 ② : 제7식 ②

누군가 자신에게 흰 장미꽃을 한 송이 선물한 경우에 흰 장미꽃을 보자마자 내면에서 "나는 백장미를 좋아하지 않는데, 그것 싫어! 붉은 장미 가져오지……" 하는 생각이 일어난다고 가정해 보자.

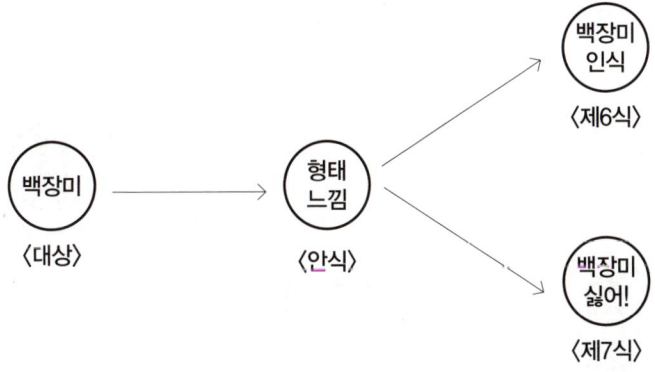

이때 백장미임을 아는 것은 제6식이고, 자신의 의지와 상관없이 내면에서 저절로 "나는 백장미 좋아하지 않는데, 그것 싫어!"라는 생각이 일어나는 것이 바로 제7식이다. 우리는 일상생활에서 제7식의 작용을 늘 경험한다. 무언가를 견문각지 할 때 자신의 의지와 상관없이 내면에서 자동으로 일어나는 생각이나 감정 등이 바로 그것이다.

길을 가다가 어느 집 담장에 붉은 장미가 탐스럽게 피어있는 것을 보았다. 그 순간 "저걸 한 송이 꺾어 식탁 위에 놓으면 좋겠다."라는 생각이 내면에서 일어난다면 그것이 제7식의 작용이다. 그러면 우리는 "남의 집 담장의 꽃을 꺾으면 되나? 그러면 안 되지!" 하고 선악을 분별하는 생각을 의식적으로 하게 된다. 이러한 이성적 사고와 판단이 제6식의 작용이다. 그러면 제7식의 작용으로 내면에서 또다시 "딱 한 송이 꺾는데 뭐 어때?" 하고 내면의 욕구에 따른 자기중심적인 생각이 자동으로 올라온다.

이렇게 제7식과 제6식이 갈등하여 제7식이 이기게 되면, 남의 집 담장의 꽃을 꺾는 사회규범을 어기는 행동을 하게 된다. 이렇게 볼 때 '제7 말나식'이야말로 '악마'에 비유될 수 있으며, '제7식의 사량분별'이야말로 '사탄의 속삭임'이라고 하지 않을 수 없다.

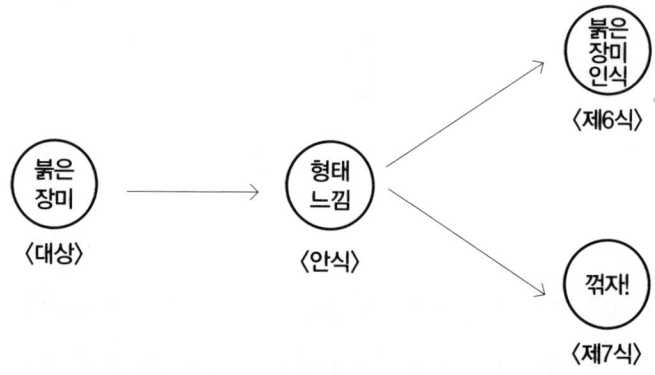

마음 구조의 이해 ② : 제7식 ③

제7식은 인식주관인 의근意根을 자기 자신이라고 집착할 뿐만 아니라, 인식대상에 대해서도 그것이 실재하는 것으로 여겨 집착한다. 자신의 외부에 대상 사물이 존재한다고 생각하고 집착하는 것을 '법집法執'이라고 하는데, 이 법집은 제7식의 사량분별로 생긴다. 우리는 외부세계가 실재한다고 굳게 믿고 있다. 이러한 법집은 표층의식인 제6식 차원에서도 분별을 통해 일어난다. 이를 '분별分別 법집'이라고 한다. 제7식의 법집은 인간이 태어나면서부터 본래적으로 갖추어져 있는 선천적인 법집이라는 의미에서 '구생기俱生起 법집'이라고 한다.

> 다른 것에 의지하여 이 식識(제7식)이 있으며, (이 식은) 두 번째 식으로서 집착하는 식이다. 이 식은 집착으로써 본질을 삼는다.
> 세친, 「유식삼십송」

제7식은 내부에 자아가 있고(아집) 바깥에 외부세계가 있다고(법집) 사량분별 하기 때문에 인식주관으로서의 '자아'와 인식대상으로서의 '외부세계'를 이원적으로 구분하고, 내부의 자아에 집착한다. 이와 같이 '자아'를 항상 존재하는 주재자로 사량하여 집착하고, '외부세계'를 객관적인 실체라고 사량하여 집착하는 제7식의 작용은 진실과는 거리가 먼 번뇌 작용이다.

심층에서의 이러한 세팅에 의해 우리가 자기 자신이라고 규정하는 견문각지의 주체인 제6식은, 안에 있는 '자아'가 밖에 있는 '외부세계'를 인식한다고 생각하게 된다. 우리가 일상생활에서 안에 있는 '나'가 밖에 있는 '외부세계'를 인식한다고 생각하는 것이 바로 그것이다.

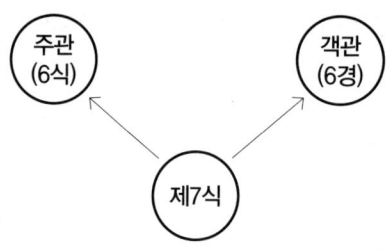

성인聖人들은 한결같이 안에 있는 '자아'와 밖에 있는 '외부세계'는 결코 별개의 것이 아니라 '하나'이며, 평등하여 차별이 없다고 말씀하신다. 하지만 우리는 그 말씀을 전혀 이해하지 못한다. 의식의 심층에서 제7식이 주관(자아)과 객관(외부세계)을 전혀 별개의 것으로 사량분별 하기 때문이다.

마음 구조의 이해 ③ : 제8식

　제7식보다 더 심층에 있는 마음이 제8식이다. 제8식은 컴퓨터의 중앙처리장치CPU처럼 사람들이 경험한 모든 것을 저장하고 있는 일종의 기억창고와 같다. 경험한 것들이 '경험의 씨앗', 즉 업종자業種子의 형태로 모두 저장되어 있기 때문에 '장식藏識'이라고 한다. 'alaya장식'를 음역하여 '아뢰야식'이라고 한다. 우리들이 소위 '기억'이라고 하는 것이 이에 해당한다.

　과거의 경험이 저장되어 있을 뿐만 아니라 현재 이루어지는 경험들도 모두 저장이 된다. 이와 같이 제8식은 경험을 저장하는 작용을 하므로 '저장식貯藏識'이라고도 부른다.

　제8식은 전5식과 제6식, 그리고 제7식 등 모든 식의 작용의 근본 전제가 된다. 그래서 '본식本識'이라고도 하고, '심왕식心王識'이라고도 한다. 심층에 더 근본적인 제8식이 있기 때문에 전5식과 제6식, 그리고 제7식의 작용이 가능하다.

　우리가 백장미를 보고 백장미로 아는 것은 이런 꽃이 장미이며 이런 색이 흰색이라는 것을 자라면서 배우고, 그것이 제8식에 저장되어 있기 때문이다. 백장미를 보면 "저건 별로야! 붉은색이 더 예쁘고 좋아!" 하고 선호 분별이 일어나는 것도 제8식에 붉은 장미를 선호하는 습관과 경험이 저장되어 있기 때문이다.

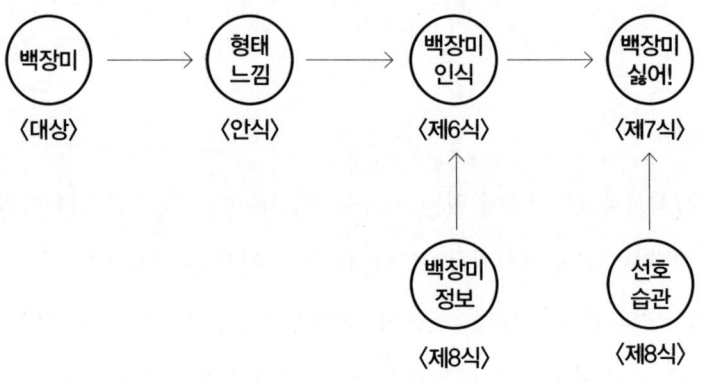

　6식(전5식과 제6식)과 제7식이 작용을 멈출 때도 제8식은 멈추지 않고 작용한다. 잠이 들어 6식과 제7식의 작용이 정지해도 제8식이 작용하기 때문에 잠을 깨고 나면 잠을 잤다는 것을 알 수 있게 된다. 평소에는 전혀 기억하지 못하는데 최면에 들면 수십 년 전의 사소한 일도 기억해 내는 것은 그 일이 제8식에 저장되어 있기 때문이다.

　제6식은 이미 인식의 주관과 객관이 이분된 상태에서 객관인 대상을 인식하는 식이며, 제7식은 주관과 객관으로 이원화二元化하는 식이고, 제8식은 주객으로 이원화되기 이전의 주객 미분未分의 식이다. 따라서 제6식보다 제7식이 더 심층의 마음이고, 제8식은 제7식보다 더 심층의 마음이다.

식識(제8식)의 전변轉變에는 두 가지가 있다. 첫째는 (자아라는) 중생衆生으로의 전변이고, 둘째는 (삼라만상이라는) 법法으로의 전변이다.

세친,「유식삼십송」

'초기 불교'에서는 이 세 가지 식을 모두 마음[심心]으로 표현하였지만, '유식 불교唯識佛敎'에 와서 구분하였다. 제6식은 '식識', 제7식은 '의意', 제8식은 '심心'으로 구분하여 사용하였다.

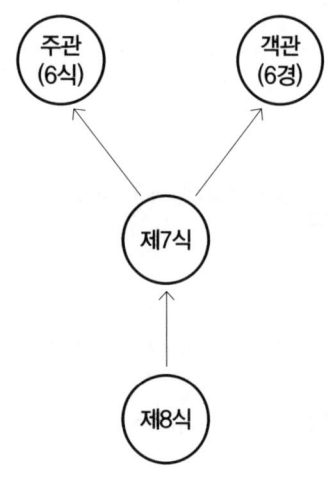

마음 구조의 이해 ④ : 정리

〈마음의 종류와 특징, 작용 여부〉

4온	8식			특징			깨어있는 상태	잠든 상태	
								꿈 있는	꿈 없는
수	안식	전5식	식識	감각식	무의식적	능동적	작용	정지	정지
	이식								
	비식								
	설식								
	신식								
상	의식	제6식		대상식	의식적	수동적	작용	정지	정지
행	말나식	제7식	의意	사량식 아견식	무의식적	능동적	작용	작용	정지
식	아뢰야식	제8식	심心	저장식 심왕식	무의식적	능동적	작용	작용	작용

새끼줄을 뱀으로 오인한다

어떤 사람이 산길을 가다가 길 가운데 뱀이 있는 것을 보고 놀라서 도망을 쳤다. 한참 후 뱀이 가고 없겠지 생각하고 다시 그곳으로 돌아오니 아직 뭔가 그대로 있다. 아직도 뱀이 있나 싶어 자세히 보니 뱀이 아니라 뱀으로 오인할 만한 새끼줄이었다. 이렇게 새끼줄을 뱀으로 잘못 아는 것을 '계탁분별計度分別'이라고 한다.

아까 본 것은 분명히 뱀이었는데 어떻게 뱀을 보게 된 것일까? 제7식의 작용 때문이다. 뱀은 위험한 파충류라는 지식과 뱀을 조심해야 한다는 지식이 제8식에 저장되어 있다. 그에 따라 산길에서 뱀 비슷한 어떤 것을 보는 순간 자기보호 본능인 제7식이 안식에 영향을 미쳐서, 제7식이 관념으로 만들어낸 뱀을 안식이 감수하고 제6식이 뱀이라고 인식하게 된 것이다. 이것이 제6식의 계탁분별이다.

'자라 보고 놀란 가슴 솥뚜껑 보고 놀란다'는 우리 속담은 제6식의 계탁분별을 잘 보여주는 사례이다.

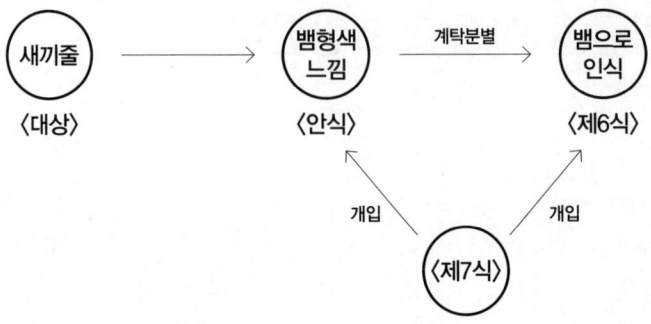

　최면 상태에 있는 사람에게 물을 주며 "이건 술입니다. 마시십시오." 하고 암시를 주면 그는 물을 마시고 "카~" 하며 정말 술을 마신 것처럼 행동한다. 최면으로 인해 물을 술로 계탁분별 하는 것이다.

　계탁분별은 제6식과 제7식에서 일어난다.

인간을 늑대로 오인한다

늑대 인간이 자신은 분명히 인간임에도 자신을 늑대로 아는 것은 제6식의 계탁분별 때문이다. 여기에는 늑대들과 함께 산 과거의 경험이 저장되어 있는 제8식이 영향을 미치기 때문이다.

사람들이 자신이 '본래부처'임을 알지 못하고 스스로 자신을 못난 중생이라고 생각하는 것도 역시 계탁분별이다. 태어나 자라면서 못났다는 소리만 듣고 못난 짓만 한 경험들이 제8식에 꽉 차 있기 때문이다. 멀쩡한 인간이 늑대로 사는 것이 억울한 것처럼 이 또한 억울한 일이 아닐 수 없다.

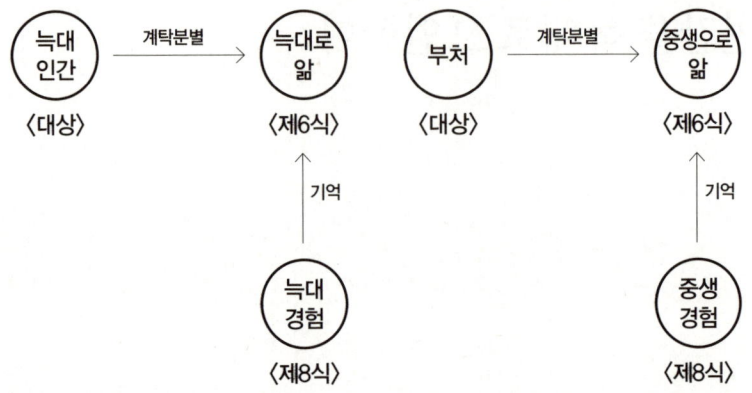

 새끼줄을 새끼줄로 있는 그대로 인식하는 것을 '자성분별自性分別'이라고 한다. 그리고 생각을 따라 과거의 일을 다시 기억해 내는 분별을 '수념분별隨念分別'이라고 하는데, 이는 제6식만이 가능한 분별이다.

〈분별의 종류〉

구분	자성분별	계탁분별	수념분별
전5식	○	×	×
제6식	○	○	○
제7식	○	○	×
제8식	○	×	×

'깨어있음', 명상 수행의 초석

우리가 무언가를 보고 들을 때 자신의 뜻과 상관없이 생각이 일어나는 경우가 허다하다. 또한 무언가를 보고 듣지 않을 때도 자신의 뜻과 상관없이 내면에서 생각이 일어나는 경우가 허다하다. 제7식의 작용 때문이다.

일상생활에서 또렷이 깨어있으면 이것을 쉽게 인지하고 관찰할 수 있다.

우리는 이렇게 문득문득 일어나는 생각(즉, 망념妄念)을 '자기 마음'이라고 착각하고 그것을 좇아간다. 그로 인해 괴로움의 나락으로 떨어지기 일쑤이다.

담장에 핀 붉은 장미꽃을 보는 순간 문득 일어난 "저거 한 송이 꺾자."라는 생각을 덥석 물어서 꽃을 꺾는 바람에 주인에게 봉변을 당하고 만다.

인터넷 악플을 보는 순간 문득 일어난 '나쁜 생각'을 '자기 마음'인 줄 잘못 알고 고민하다가 끝내 그 '나쁜 생각'을 실행에 옮겨 극단적 선택을 하는 연예인이 종종 언론에 보도된다. 참으로 가슴 아픈 일이 아닐 수 없다.

따라서 제7식에서 문득문득 일어나는 생각(즉, 망념)이 무슨 대단한 것인 양 그것을 덥석 물고 좇아가는 우를 범해서는 안 된다. 제7식에서 문득문득 일어나는 그 '한 생각'을 관觀할 줄 알아야 한다.

제7식에서 일어나는 생각을 살필 줄 아는 이 '관심觀心'은 실용적인 측면에서 우리가 불교 공부와 명상 수행에서 얻을 수 있는 가장 큰 이득일 것이다. 제7식에서 일어나는 망념을 좇아가지 않으면 모든 번민과 괴로움에서 해방될 수 있기 때문이다.

그러자면 무엇보다 먼저 일상생활에서 항상 깨어있는 '각성覺醒'을 유지해야 한다. 각성, 즉 '깨어있음'은 명상 수행에서 가장 기본적인 요소이다. '깨어있음'이 있어야 망념이 일어날 때 그것을 바로 알아차릴 수 있다. 망념이 일어났음을 알아차릴 수 있어야, "또 사탄이 날 고통에 몰아넣으려고 이렇게 속삭이는구먼!" 하고 그 망념을 무시하고 떨쳐버릴 수 있다.

물론 알아차리는 그것만으로 망념을 떨쳐낼 수는 없다. 한두 번의 잠수로 진주를 캘 수 없는 것처럼 많은 실전 훈련을 해야 한다.

오랫동안 (항상) 마땅히 (내면을) 비추고 살펴서, 망념妄念이 문득 일어나거든 절대로 그것을 좇아가지 말고, 그것을 떨쳐내고 또 떨쳐내어라.

보조 국사, 「수심결」

망념이 자기 자식이나 되는 것처럼 애지중지해서는 안 된다. 그건 우리의 진정한 마음이 아닐 뿐만 아니라 우리를 망치러 온 사탄임을 통찰해야 한다.

망념을 떨쳐내고 또 떨쳐내어서 내면이 청정해지면, '그곳'에 본래 지복至福이 있음을 발견하게 된다. 온갖 짐으로 가득한 방에서 짐들을 모두 치워버리면 깨끗한 공간이 원래 거기에 있었음을 알게 되는 것과 같다.

나는 몇 개인가? ①

우리가 길을 가다가 울타리에 피어있는 붉은 장미꽃을 본다고 가정해 보자. 그때 우리는 무심히 '내가 꽃을 본다'고 생각하는데, '내가 꽃을 본다'는 것을 어떻게 알까?

'나'는 꽃을 '보기'만 한다. 그러므로 꽃을 '보기'만 하는 '나'는 "'내가 꽃을 본다'는 것"을 알지는 못한다. "'내가 꽃을 본다'는 것"을 알기 위해서는 그것을 아는 '어떤 것'이 있어야 한다. 독자들은 지금 눈을 감고 "'내가 꽃을 본다'는 것"을 아는 '어떤 것'이 내면에 있는지 살펴보시기 바란다.

| '내'가 꽃을 본다. |
| "'내가 꽃을 본다'는 것"을 아는 '어떤 것' |

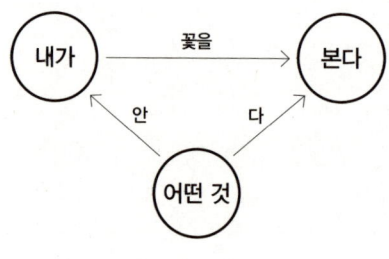

'어떤 것'이 있다면 그것은 무엇일까? '나' 아닌 '또 다른 나'가 있는 것인가?

워싱턴 포스트가 21세기 최고의 영적 스승이라고 극찬한 독일 출신의 성자 에크하르트 톨레Eckhart Tolle는 『지금 여기의 힘The power of now』이라는 저서에서 내면에 '어떤 것'이 있음을 깨닫고 큰 기쁨을 얻었다고 밝히고 있다. 그는 자기 자신을 못마땅해 하는데, 그렇다면 '평소의 나'와 '나는 못마땅하다'고 여기는 '또 다른 나'가 있다는 것 아닌가? 그렇다면 '어느 나가 진짜 나인가?' 하고 의심해 들어갔다.

우리도 조금만 관찰해 보면 금방 '어떤 것'이 있음을 발견할 수 있다. 그것이 있지 않고는 '내가 본다'는 것을 알 수 없기 때문이다. 그렇다면 우리도 톨레와 동일한 질문을 스스로에게 던지게 된다.

나는 하나인가, 아니면 둘인가? 둘이라면 어느 것이 '진짜 나'인가? 꽃을 보는 '나'인가? 아니면 '"내가 꽃을 본다'는 것"을 아는 '어떤 것'인가?

'어떤 것'이 '진짜 나'라면 내가 괴로워해도 그 '어떤 것'은 괴로움과 관계없고, 내가 슬퍼해도 '어떤 것'은 슬픔과 관계가 없다. 그 '어떤 것'이 '진짜 나'라면 내가 괴로움에 빠져있어도 '진짜 나'의 입장에서는 그건 '진짜 나'의 문제가 아니다. 그건 '나'의 문제이다.

그러므로 그 '어떤 것'이 '진짜 나'라면 우리는 일시에 온갖 번민과 괴로움에서 해탈하고 만다. 나의 번민과 괴로움은 '진짜 나'의 것이 아니기 때문이다. 마치 다른 사람의 슬픔이 연민의 대상일 수는 있지만 나의 슬픔은 아닌 것과 같다.

명상 수행의 핵심,
'어떤 것'으로 중심 이동

우리는 어느새 불교 수행의 중심부에 들어섰다. 그 '어떤 것'의 존재를 발견했기 때문이다.

우리는 중심을 '나'에서 '어떤 것'으로 옮겨야 한다. 그것이 온갖 번민과 괴로움에서 해방되는 길이기 때문이다. 이는 불교 명상 수행의 핵심이라고 해도 지나치지 않을 것이다. 이것을 빠뜨리고는 불교의 수행이라고 할 수 없을 것이다.

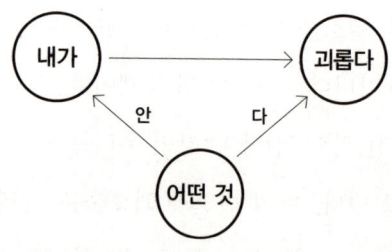

내가 꽃을 볼 때, "'내가 꽃을 본다'는 것"을 아는 '어떤 것'에는 '보는 것'이 없다. '보는 것'은 꽃을 보는 '나'의 것이기 때문이다. 그와 같이 어떤 일로 괴로울 때, "'내가 어떤 일로 괴롭다'는 것"을 아는 '어떤 것'에는 '괴로움'이 없다. 그 괴로움은 '어떤 것'의 것이 아니라 '나'의 것이기 때문이다.

우리는 중심이 늘 의식의 표층인 '나'(제6식)에 있기 때문에 온갖 번민과 괴로움의 주인이 되고 만다. 그래서 온갖 번민과 괴로움은 '나의 것'이 되고 만다. 그 결과로 삶 전체가 불행의 수렁이 된다.

우리의 중심을 '어떤 것'으로 이동시켜 버리면 희로애구애오욕喜怒哀懼愛惡慾의 '칠정七情'의 감정과 잠 못 들게 하는 우비고뇌憂悲苦惱는 모두 남의 일이 되어 버린다. 마치 영화관 스크린에서 캐릭터들의 인생의 희비가 교차하지만, 그건 영화 속 캐릭터들의 일일 뿐 관객인 나의 일은 아닌 것과 같다.

관조자가 되자

우리의 중심을 어떻게 '어떤 것'으로 이동시킬 수 있을까?

'내가 괴롭다'는 데서 한 발 뒤로 물러나서 '내가 괴로워하는 것'을 알아차리고, '내가 괴로워하는 것'을 지켜보는 것이다. '지켜본다'는 것은 '지켜보는 자', 즉 주시자 = '관조자'로 남아있는 것을 말한다. 영화 스크린 속의 캐릭터가 되어 그의 희로애락에 장단 맞추어 같이 울고불고하지 말고, 의자에 편히 앉아서 영화를 관람하는 관객으로 있는 것과 같다.

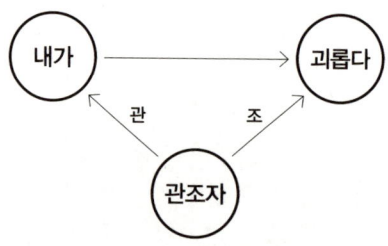

이 훈련, 즉 명상 수행을 하지 않고는 결코 고통의 이 사바세계를 근원적으로 벗어날 수 있는 길은 없다. 돈도 권력도 사랑도 그 어떤 것도 이 사바세계의 고통에서 근원적으로 벗어나게 해주지는 못한다. 그러므로 우리는 항상 '관조자'로 남아있는 훈련을 해야 한다. 그러자면 어떤 상황에 처하더라도 매 순간 철저히 깨어있는 각성, 즉 '깨어있음'을 유지하지 않으면 안 된다.

설사 죽음이 눈앞에 있는 순간조차도 절대로 '깨어있음'을 놓쳐서는 안 된다. 그럴 때 우리는 죽음조차도 넘어설 수 있다. 성인들께서 한결같이 그렇게 말씀하신다.

깨어있으라!
너희는 그가 오실 날과 시時를 알지 못하니라.

「신약 성경」 마태복음

나는 몇 개인가? ②

또다시 눈을 감고 내면을 살펴보자.

"'내¹가 꽃을 본다'는 것"을 아는 '어떤 것²'을 아는 '또 다른 어떤 것³'

"'내가 꽃을 본다'는 것"을 아는 '어떤 것'을 아는 '또 다른 어떤 것'이 또 있는가? 있다면, 이 두 번째의 '또 다른 어떤 것³'이 '진짜 나'인가?

한 단계 더 내면으로 들어가 보자. 더 이상 '어떤 것'이 있다는 것을 알 수 없을 때가 끝이다. 그것이 가장 깊은 근원이다. 그것은 근원 그 자체이다. 그렇기에 존재하는지를 알 수 없다. 마치 눈이 다른 것은 다 보지만 자기 자신의 눈은 볼 수 없는 것과 같다.

이상을 표로 정리하면 다음과 같다.

〈유식 사분설〉

유식 사분설四分說					주장자
2분설	주관¹	객관¹			난타難陀
3분설	객관²		주관²		진나陳那
4분설	객관³			주관³	호법護法
1분설	주관¹, 객관¹, 주관², 주관³이 모두 하나				안혜安慧

2분설	– 내(주관¹)가 꽃(객관¹)을 본다.
3분설	– "'내가 꽃을 본다'는 것"(객관²)을 아는 '또 다른 나'(주관²) – 주관²가 "'내가 꽃을 본다'는 것"(객관²)을 안다.
4분설	– ['또 다른 나'(주관²)가 "'내가 꽃을 본다'는 것"(객관²)을 아는 것(객관³)]을 아는 '또 또 다른 나'(주관³) – 주관³이 ['또 다른 나'(주관²)가 "'내가 꽃을 본다'는 것"(객관²)을 아는 것(객관³)]을 안다.

주관¹은 '보는 자'이므로 '견분見分'이라고 하고, 객관¹은 '보이는 대상'이므로 '상분相分'이라고 한다. 또한 주관²는 견분과 상분의 공동근거가 되는 식識이므로 '자증분自證分'이라고 하며, 주관³은 자증분을 보며 그것을 확증하는 식이므로 '증자증분證自證分'이라고 한다.

우리들은 주관¹을 '나'로 삼고 있다. 주관¹이 '진짜 나'일까?

주관¹, 주관², 주관³ 중에서 어느 것이 '진짜 나'일까?

주관¹, 주관², 주관³ 말고 또 다른 '진짜 나'가 있는 것일까?

3. 삶의 주체와 명상

삶을 이해하는 핵심은 그 삶을 영위하는 '주체'가 무엇인지를 이해하는 것이다. 그래서 철학의 핵심 주제도 삶을 영위하는 주체인 '나'가 무엇인가 하는 것이다. 고대 그리스의 성인 소크라테스가 "너 자신을 알라!" 하고 제자들을 일깨우신 이유가 여기에 있다. 하지만 우리는 자기 자신을 잘 안다고 생각하고 성인들의 경책을 간과한다. 그러면서 그것이 온갖 불행의 원인이 되는 줄을 알지 못한다.

나는 무엇인가?

나는 무엇인가?

이 물음에 대한 답에 따라 우리들의 삶은 크게 달라진다. 이 물음은 자신의 정체성과 본질에 대한 질문이기 때문이다. 자신의 정체성과 본질을 무엇으로 보느냐에 따라 우리가 삶을 대하는 관점과 태도가 달라질 수밖에 없다. 예로부터 많은 성인이 자아에 대한 탐구를 강조한 것도 바로 이 때문이다.

예컨대 고대 그리스의 소크라테스가 제자들에게 "너 자신을 알라!"고 경책한 것이나, 부처님께서 태어나자마자 "하늘 위와 하늘 아래 오직 나만 홀로 존귀하다."라고 말씀하신 것이 대표적일 것이다.

나는 무엇인가 하는 자아에 대한 문제는 동서양을 막론하고 종교에서 뿌리 깊은 전통이 있으며, 철학에서도 많은 연구가 이루어져 왔다. 철학의 경우, 자아 문제는 특히 서양 근대 철학에서 중심 주제였다. 하지만 보통 사람들의 입장에서 보면 '내가 누구인지'가 너무나 분명하기 때문에 자아에 대한 탐구가 필요 없다고 생각할 수 있다. 지금 이렇게 보고 듣고 말하고 움직이는 '이 몸'이 바로 나이고, 지금 이렇게 느끼고 생각하며 분별하여 인식하는 '이 마음'이 바로 나이며, 이 몸과 이 마음을 지배하고 주재하는 주체가 바로 나인 것이 너무나 당연하고 분명하다고 생각되기 때문이다.

그러나 돌이켜 생각해 보면 사람들의 이 같은 통상적인 자아관이 당연하고 옳은 것이라면 왜 소크라테스 성인께서 "너 자신을 알라!"고 그토록 경책하였으며, 부처님께서는 왜 '천상천하에 홀로 존귀한 나'를 되찾고 그 나로 돌아가라고 그토록 간곡히 말씀하셨을까 하는 의문이 들지 않을 수 없다. 또한 우리의 통상적인 자아관이 당연하고 옳은 것이라면 고대로부터 현대에 이르기까지 그 많은 철학자가 자아 문제에 대해 탐구할 필요가 있었겠는가 하는 의문이 들지 않을 수 없다.

'나'가 무엇인가에 대한 종교와 철학의 관점은 세 가지로 분류할 수 있다. 첫째는 물질인 몸을 나라고 보는 '유물론적 관점'이다. 몸이 실체로서 존재하며, 몸의 눈이 보고, 몸의 귀가 듣고, 몸의 머리가 생각하고, 몸의 입이 말하며, 몸의 다리가 걷는다고 생각하고, 이렇게 보고 듣고 생각하고 말하고 걷는 작용의 주체가 몸이라고 생각하여 몸을 나라고 여긴다. 그 결과, 몸과 나를 동일시하여 몸이 아프면 '내가 아프다'고 말하고, 다리가 움직일 때 '내가 걷는다'고 말한다.

둘째는 몸과 마음(혹은 정신)의 결합체, 즉 오온을 나라고 보는 불교 '인연종의 관점'이다. 견문각지 하는 작용의 주체가 몸이라고 생각하여 몸을 나라고 여김과 동시에 생각하고 분별하여 인식하는 작용의 주체가 마음이라고 생각하여 마음도 나라고 여긴다. 그 결과, 몸과 마음을 나와 동일시하여 몸이 아프면 '내가 아프다'고 말하고, 마음이 즐거우면

'내가 즐겁다'고 말한다.

셋째는 사멸하여 사라지는 몸과 마음이 아니라 불멸하는 어떤 '실체'가 존재한다고 믿고 그 불멸의 실체를 나라고 보는 '실체론적 관점'이다. 실체론자들은 몸과 마음 안에 자기동일성을 갖는 어떤 실체가 별도로 있어서, 그것이 몸과 마음을 소유하고, 몸과 마음의 작용을 관장하며 주재한다고 믿는다. 그 결과, 그 실체를 나로 본다. 그 '실체인 나'가 눈으로 보고, 귀로 듣고, 머리로 생각하고, 다리로 걷는다고 생각한다. 그러한 '실체인 나'가 없이는 몸과 마음의 작용이 일어날 수 없다고 본다. 그 '실체인 나'가 눈을 통해서 보기 때문에 사물을 볼 수 있으며, 그 '실체인 나'가 몸의 다리를 통해서 걷기 때문에 걸을 수 있다는 것이다. 그 '실체인 나'가 보지 않고서는 보는 작용이 일어날 수 없고, '실체인 나'가 걷지 않고서는 걷는 작용이 일어날 수 없다는 것이다.

〈자아관의 종류〉

관점	나의 내용	주창자
유물론	몸	– 고대 인도 육사외도의 아지타Ajita – 중국 양나라의 범진范縝 – 토머스 홉스 – 현대 유물론자
오온론	몸과 마음	– 불교의 인연종
실체론	불멸의 실체	– 고대 인도 수론외도의 카필라Kapila – 브라만교 – 자이나교 – 고대 그리스의 아리스토텔레스 – 중세의 토마스 아퀴나스

나는 존재하는가?

 나는 존재하는가? 이 질문은 우문처럼 생각될지 모른다. 대다수 사람이 당연히 '내가 존재한다'고 믿기 때문이다. 하지만 조금만 더 깊이 생각해 보면 이 질문은 매우 의미가 있다는 것을 알게 된다.
 필자는 젊은 시절에 죽음이 있다고 단정하고 그 죽음을 해결하기 위해 학업을 포기하고 출가수행자의 길을 가고자 했다. 그런데 나중에 알고 보니 죽음이라는 게 본래 없었다. 괜히 숱한 날을 번민하였을 뿐이었다.
 우리는 생유와 사유를 살펴본 후 본유를 살펴보기 전에 삶을 사는 주체가 무엇인지를 먼저 논의하고 있는 중이다. 본유, 즉 인간의 일생 삶을 이해하기 위해서는 그 주체에 대한 이해가 선행되어야 하기 때문이다.
 이 과정에서 삶의 주체인 나가 존재하는가를 검토하는 것은 필수적이다. 죽음이 없는 것인 줄 알았더라면 필자가 젊은 시절 그렇게 야단법석을 떨 필요가 없었듯이, 삶의 주체인 나가 본래 없는 것이라면 삶의 문제로 야단법석을 떨 필요가 없다. 삶의 주체가 없으면 삶의 문제도 따라서 없어지기 때문이다.

법륜 스님의 '즉문즉설'에서 어느 여성분이 이런 질문을 하는 것을 보았다. "스님, 우리 친정어머니가 한 달 전에 돌아가셨는데 좋은 데로 갔을까요? 걱정이 되고 궁금합니다." 사람들은 누구나 이런 생각을 가질 수 있을 것이다. 독자들이라면 이 질문에 어떻게 답하겠는가?

국민의 존경을 한 몸에 받으시던 김수환 추기경님께서 생존 당시 어느 해 크리스마스이브에 TV에 출연하시어 출연자들과 자유롭게 질의응답을 하신 적이 있다. 그때 가톨릭 신자인 젊은 출연자가 진지한 표정으로 물었다. "추기경님, 천국이 정말로 있습니까?" 가톨릭과 기독교 신자들 모두가 진심으로 궁금한 사항을 물은 것이다.

추기경님께서 뭐라고 답하셨을까? 있다고 하셨을까, 없다고 하셨을까? 국민의 존경을 받는 추기경님답게 솔직하게 답해 주셨다. "솔직히 나도 잘 모릅니다. 하지만 있다고 믿고 사는 것이 인생에 훨씬 도움이 됩니다." 신학자 파스칼의 '내기 이론'Pascal's wager으로 답하신 것이다.

이 두 질문에서 우리는 질문자가 이미 어떤 전제를 깔고 질문을 하고 있음을 알 수 있다. 젊은 시절 필자가 죽음이 있다고 전제하고 야단법석을 떨었던 것과 같다. 여성분은 죽으면 갈 좋은 곳과 나쁜 곳이 있다는 전제를 하고 질문을 하고 있다. 또한 자신의 어머니가 존재했고 자신도 존재한다고 전제를 하고 있다. 젊은 출연자 역시 자신이 존재한다는 것을 전제로, 지금 자신이 존재하는데 죽으면 자신이 갈 천국이 있는지를 궁금해하는 것이다.

어머니가 존재하지 않았으면 좋은 곳이 있든 없든 그건 아무런 문제가 되지 않는다. 젊은 출연자 자신이 존재하지 않으면 천국이 있느냐 없느냐 하는 것은 궁금할 것도 걱정할 것도 없다.

불교 공부와 수행은 극락과 천국을 갈구하기에 앞서 그걸 갈구하는 주체인 '나'가 존재하는가, 그것이 무엇인가를 먼저 탐구하는 것이다. 이것이 불교가 다른 종교와 확연히 구별되는 차이점일 것이다.

불교 수행에 철저한 입장에 선다면 즉시 두 질문자에게 이렇게 되물을 수밖에 없다.

그 질문을 하기 전에
지금 질문을 하는 자신이 존재하는지 탐구해 보십시오!
지금 질문을 하는 '그것'이 무엇입니까?

나는 존재한다

우리는 앞에서 불교는 인간을 기본적으로 '몸과 마음의 결합체'인 오온五蘊으로 본다는 것을 살펴보았다. 이런 불교의 인간 이해는 일반인들의 생각과 크게 다르지 않다. 우리는 자신을 지금 여기에서 움직이는 이 '몸과 마음'이라고 생각하기 때문이다.

하지만 불교의 이러한 인간 이해는 가장 낮은 단계에 속하는 인연종의 관점이다. 나라는 것이 있다고 철석같이 믿고 있는 사람들을 위해 '있는 나'가 무엇이며 어떻게 생겨났는지를 밝힌 것이다. 오온이 나이며, 오온인 나는 인연 화합으로 생겨나서 지금 여기에 존재한다고 설명한다.

이 '몸'이 나라고 굳게 믿고 있는 사람들, 이 '몸과 마음'이 나라고 굳게 믿고 있는 사람들, 다시 말해 그 이상의 것들을 받아들이지 못하는 사람들에게 "나는 존재한다. 거기 몸과 마음인 오온이 있지 않느냐? 그것이 곧 나이다."라고 말하는 것 외에 다른 방도가 없다. 그들의 믿음을 인정하고, 그 바탕 위에서 그 사람들에게 도움이 되는 가르침을 펼 수밖에 없다.

5계戒와 10선善이 바로 그것이다. 오온으로 사회규범인 계율을 잘 지키고 열 가지 선善을 행하면, 이생에서는 복을 받고 죽어서는 천상에 태어나거나 인간으로 다시 태어날 수 있다고 가르치면 그들을 도울 수 있다. 그러면 그들은 죄를 짓지 않고 다른 사람들의 신망을 받으며 행복하게 살 수 있기 때문이다. 그래서 인연종을 '인천교人天敎'라고 부르기도 한다.

〈오계와 10선〉

오계五戒	1. 불살생不殺生 : 살생하지 말라. 2. 불투도不偸盜 : 도둑질하지 말라. 3. 불사음不邪淫 : 음행을 하지 말라. 4. 불망어不妄語 : 거짓말을 하지 말라. 5. 불음주不飮酒 : 술을 마시지 말라.	
10선十善	1. 불살생不殺生 : 생명을 죽이지 않음. 2. 불투도不偸盜 : 도둑질을 하지 않음. 3. 불사음不邪淫 : 음행을 하지 않음. 4. 불망어不妄語 : 거짓말을 하지 않음. 5. 불양설不兩舌 : 이간질하는 말을 하지 않음. 6. 불악구不惡口 : 남을 괴롭히는 나쁜 말을 하지 않음. 7. 불기어不綺語 : 진실이 없는 꾸민 말을 하지 않음. 8. 불탐욕不貪慾 : 탐내지 않음. 9. 불진에不瞋恚 : 성내지 않음. 10. 불사견不邪見 : 그릇된 견해를 일으키지 않음.	

사람들은 근기에 차이가 있다. 따라서 근기의 차이에 맞는 가르침을 주어야 그 사람을 도울 수 있다. 밤에 아이가 너무 많이 울 때 그를 달래기 위해 할머니가 밖에 호랑이가 왔다고 말하는 것과 같다. 그 말은 사실이 아니지만 아이를 돕기 위해 아이의 수준에 맞춰서 한 말이기 때문이다.

나는 없다

우리는 지금 여기에서 움직이는 이 '몸과 마음'이 분명히 존재하고, 이 '몸과 마음'이 나인 것이 분명하다고 생각한다. 그로 인해 불교에 입문하면 머지않아 '나는 없다'는 무아론無我論을 접하고는 당황하게 된다. 부처님께서 "나는 없다."라고 가르치셨다는 것을 알게 되기 때문이다.

브라만교 사상이 지배했던 당시 인도 사회에서 이 무아의 가르침은 너무나 충격적이었다. 부처님의 제자들이 충격을 받아 자살하는 사건이 발생했을 정도였다. 브라만교에서 가르치는 대로 영원하고 불변하는 '나'인 '아트만atman'을 찾아 영생하려고 출가했는데, 그런 영원불멸하는 '나'라는 것이 없다고 하였으니 그들이 받았을 심리적 충격과 허무감이 충분히 짐작된다.

필자도 마찬가지였다. 출가 좌절 후 여러 서적을 탐독하던 중 인도의 『바가바드기타』나 『우파니샤드』 등에서 영원불멸하는 존재에 대해 언급하는 것을 보고 얼마나 기뻤는지 모른다. 그런데 불교 경전에 들어오니 "나는 없다."고 하였다. 당혹스럽지 않을 수 없었다.

무아 사상은 동서고금의 종교와 철학 사상사에서도 그 유례를 찾아

보기 힘든 사상이다. 만일 무아론이 진실이라면 이것은 충격이 아닐 수 없다. 이 '몸과 마음'이 실체적으로 존재하며 이 '몸과 마음'이 나라는 것을 한 번도 의심한 적이 없는데, 삶에 대한 우리의 관점과 태도의 기반이 되는 이 믿음이 틀렸다고 하는 것이기 때문이다.

따라서 불교를 제대로 이해하기 위해서 그리고 자기 자신을 바르게 이해하여 참된 삶을 살기 위해서 무아론無我論은 반드시 넘어야 하는 관문이 아닐 수 없다. 이 관문을 넘어야만 앞으로 나아갈 수 있다. 그런데 부처님의 무아법無我法을 터득하는 것이 결코 만만하지 않다.

몸과 마음은 나가 아니다 ①

우리는 앞에서 출생과 죽음을 '수레의 비유'를 예로 들어 설명한 바 있다. "나'가 없다'는 무아론도 이 비유를 활용하면 이해하기 쉽다.

부품을 조립하면 부품으로 흩어져 있을 때와는 전혀 다른 모습의 물체가 생겨난다. '수레'라고 이름 붙인 이 물체에 초점을 맞추면 수레는 있다고 말할 수 있다. 마찬가지로 인간의 몸을 구성하는 요소들이 인연으로 화합하면 요소로 흩어져 있을 때와는 전혀 다른 모습의 물체가 생겨난다. '몸'이라고 이름 붙인 이 물체에 초점을 맞추면 사람은 있다고 말할 수 있다. 이런 입장에 서 있는 것이 불교의 인연종이다.

하지만 수레는 단지 부품이 합쳐진 물체에 이름 붙인 것일 뿐 불변하는 '자체의 성품'을 가진 것은 아니다. 미란다 왕이 "나'가 있다'고 주장한 것에 대해 나선 비구가 예리하게 논박한 것처럼 바퀴가 수레인 것도 아니고, 마부가 앉는 자리가 수레인 것도 아니며, 수레의 바닥이 수레인 것도 아니다. 수레에는 전혀 수레라고 할 만한 '자체의 성품'을 가진 것이 없다. 이와 같이 불변하는 '자체의 성품', 즉 실체에 초점을 맞추면 수레는 있다고 할 수 없다.

사람의 경우도 마찬가지이다. 지수화풍 4대가 인연 화합하여 살이 되고 피가 되고 뼈가 되고, 또 그것들이 인연 화합하여 머리가 되고 목이 되고 팔이 되고 다리가 되고 몸통이 되었다. 이 중에서 어느 것을 나라고 할 수 있겠는가? 머리인가, 목인가, 팔인가, 다리인가, 몸통인가? 이 각각이 나가 아닌데, 이것들이 합쳐져서 나가 될 수 있는가? 몸 어디를 찾아봐도 나라고 할 만한 '자체의 성품'을 가진 나라는 실체는 없음을 알 수 있다.

이와 같이 실체에 초점을 맞추면 몸이 있다고 해서 '나가 있다'고 할 수 없게 된다. 그런데도 우리는 몸을 고정·불변의 실체가 있는 것으로 생각하여 '몸'을 나로 삼고 나는 존재한다고 생각한다.

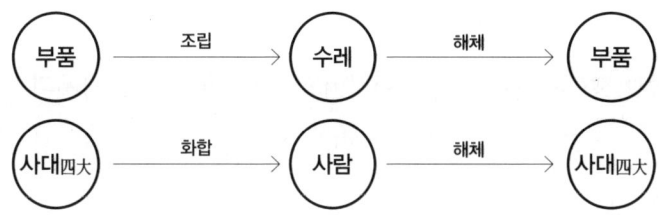

'마음'이라는 것도 인연생기여서 고정·불변하는 '자체의 성품'이 없다. 물체가 나타나면 눈으로 보고 분별하는 마음이 일어나고, 소리가 나면 귀로 듣고 분별하는 마음이 일어난다. 이렇게 6경, 즉 대상 사물이 나타나면 마음이 일어나지만, 6경이 나타나지 않으면 마음도 일어나지 않는다. 마음은 철저히 6경에 의지하여 생기는 것이다. 그러므로 '자체의 성품'이 없다.

생겼다가 사라지고, 또다시 생겼다가 사라지는 이 '움직이는 마음'이 있기는 하지만, 그 마음에는 고정·불변하는 '자체의 성품'을 가진 나라는 것이 없다. 따라서 있다가 없다가 하는 마음을 나라고 할 수 없다.

이렇게 실체에 초점을 맞추면 '생멸하는 마음'이 있다고 해서 '나가 있다'고 할 수는 없게 된다.

> 모든 중생이 무시無始이래 갖가지로 전도顚倒되어, 마치 길 잃은 사람이 사방을 혼동하는 것과 같다. 어리석게도 4대四大로 된 것을 자기 육신[자신自身]이라고 여기고, 육진六塵으로 생긴 그림자를 자기 마음[자심自心]으로 여기는구나.
> 「원각경」

이상과 같이 '몸과 마음' 그 어디에도 고정·불변하는 '자체의 성품'을 가진 나라는 것이 없다. 무아無我이다. 이런 입장에 서 있는 것이 '유상교有相敎'이다.

몸과 마음은 나가 아니다 ②

　부처님께서 성도하신 후 연기법을 설하셨고, 그다음에 무아법을 설하셨다. 연기와 무아는 모두 부처님의 깨달음의 내용이다. 이 두 가르침은 전혀 별개의 것이 아니다. 연기의 자연스러운 논리적 귀결이 무아이기 때문이다.
　불교에서 '나'라는 것은 '자체의 성품', 즉 자성自性이 있는 것을 말한다. 자성이 있으려면 다른 것에 의지하지 않고 '스스로 존재하는 것'이어야 한다. 자성이 있으면 항상 존재하고 언제나 변하지 않는다. 즉, 영원불변한다. 불교에서 '나'라는 것은 '스스로 존재하는 것'이다.
　그런데 사람들이 나라고 생각하는 '몸과 마음'은 스스로 존재하지 못하고 다른 것에 의지하여 존재한다. 그래서 늘 변하고 영원히 존재하지 못한다. 그러므로 불교에서는 '몸과 마음'은 나가 아니라고 말한다.
　구약성서 출애굽기에 보면 하느님God이 "나는 스스로 존재하는 자이다."라고 자기 존재를 규정하는 것을 볼 수 있다. 불교도 이와 같다. '스스로 존재하는 것'이 나이며, 스스로 존재하지 못하는 것은 나가 아니다.

하느님이 모세에게 이르시되, "나는 스스로 있는 자이니라 I am that I am." 또 이르시되, "너는 이스라엘 자손에게 이같이 이르기를 '스스로 있는 자 I am'가 나를 너희에게 보내셨다 하라."

「구약 성경」 출애굽기

생유(출생)와 사유(죽음)를 논의할 때 이미 설명한 것처럼 연기설은 겉으로 보기에는 일체 존재의 생성과 소멸을 설명하기 위해 세워진 논리이지만, 그 속을 깊이 들여다보면 일체 존재의 실체성을 부정할 수 있는 논리임을 간파할 수 있다.

일체 존재는 연기적 존재이다. 따라서 일체 존재는 '자체의 성품'이 없다. '자체의 성품'이 없는 것을 '있다'고 할 수 없으므로 '일체 존재는 없다[제법무아諸法無我]'는 결론에 도달하게 된다. 그러므로 오온인 나 역시 없다는 무아의 깨달음을 얻을 수밖에 없다.

분명히 보기는 보는데,
거기에 '보는 자'가 없다 ①

앞에서 살펴본 것처럼 '몸과 마음'을 나라고 생각하는 아집은 연기설로 논리적으로 깨뜨릴 수 있다. 하지만 '몸과 마음'과는 별개인 '영혼'과 같은 나라는 실체가 있어서 그 '실체인 나'가 몸과 마음을 소유하고 주재한다는 실체론적 자아관을 가진 사람들의 아집을 깨뜨리기는 좀처럼 쉽지 않다. 그들은 보고 듣고 생각하고 말하고 움직이는 이 모든 작용을 '실체인 나'가 일으키는 것이 분명하다고 생각하기 때문이다. 이 뿌리 깊은 무명無明 업식業識을 떨쳐내는 것은 결코 쉽지 않다. 늑대 인간이 자신을 늑대라고 철석같이 믿고 있는 것과 같기 때문이다.

우리가 어떤 것을 볼 때 '실체인 나'가 있어서 주재자主宰者인 그 나가 본다고 생각하기 쉽다. 하지만 그렇지 않다. 예를 들어보자.

어떤 것을 볼 때 주재자인 나가 있어서 그 나가 보는 것이라면, 그 나가 보지 않으려고 하면 보지 않을 수 있어야 한다. 하지만 눈을 뜨면 보지 않으려고 해도 보이고, 눈을 감으면 보려고 해도 보이지 않는다. 따라서 나는 보는 행위의 주체(= 주재자)가 아님을 알 수 있다. '나'가 없어도 눈이라는 감각기관[안근眼根]이 감각대상[안경眼境]을 만나면 '대상에 대한 인식[안식眼識]'이 일어나서 '보는 현상', 즉 '보는 일'이 이루어지는 데 아무런 문제가 없다. 다시 말해 '눈'이라는 인因과 '대상'이라는 연緣이 만나면 '보는 현상'이라는 결과[과果]가 자동으로 나타난다. 즉, '보는 현상'은 인연으로 이루어지는 것이지 결코 나라는 주재자가 있어서 그 주재자가 보는 것이 아니다.

생각할 때도 마찬가지이다. 주재자인 나가 있어서 그 나가 생각하는 것이라면, 그 나가 생각하지 않으려고 하면 생각하지 않을 수 있어야 한다. 하지만 생각하지 않으려고 해도 무엇을 보거나 들으면 생각이 일어난다. 무엇을 보거나 듣지 않을 때도 나의 의지와 상관없이 생각이 일어난다. 생각을 담당하는 감각기관이 움직이면 생각이 일어난다. 이처럼 '나'가 없어도 의意라는 감각기관[의근意根]이 감각대상[법경法境]을 만나면 '대상에 대한 인식[의식意識]'이 일어나서 '생각하는 현상'이 이루어지는 데 아무런 문제가 없다. 다시 말해 '생각하는 현상'은 인연으로 이루어지는 것이지, 결코 나라는 주재자가 있어서 그 주재자가 생각하는 것이 아니다.

분명히 보기는 보는데,
거기에 '보는 자'가 없다 ②

서양 철학자 데카르트의 "나는 생각한다. 고로 나는 존재한다."라는 유명한 명제는 실체론적 자아관의 관점을 대변한다고 할 수 있다. 하지만 생각하는 주체인 나가 먼저 있어서 그 나가 생각하는 것이 아니며, '생각하는 현상'이 있다고 해서 그것이 곧 나가 존재한다는 증거가 되지도 않는다.

더욱이 '내가 생각하므로 내가 존재한다'는 것은 '생각하지 않을 때', 다시 말해 '생각하는 현상'이 없을 때는 내가 존재하지 않는다는 것이 되므로 그 나는 '진정으로 존재하는 것'이라고 할 수 없다. '항상 존재하는 것'이 아니고, 있다가 없다가 하는 것을 '진정한 존재'라고 할 수는 없기 때문이다.

생각할 때 '나'가 존재한다는 것은 나는 전적으로 생각에 의지하여 존재하는 것이다. 그러므로 그 나는 다른 것에 의지하는 연기적 존재이지 '실체로서의 나'는 아니다. 연기적 존재는 '자체의 성품'이 없으므로 나라고 할 수 없다.

우리가 '실체의 나'라고 생각하는 것도 결코 실체는 아니다. 마음, 즉 6식의 작용이 정미하고 영묘하며 신속하게 이어지기 때문에 상주하면서 죽 이어지는 어떤 실체가 있는 것으로 착각하고, 그 6식의 작용을 '실체의 나'라고 오인하는 것에 불과하다. 마음의 작용이 신속하게 이어지는 것일 뿐, 그것 외에 결코 어떤 실체가 있는 것이 아니다. 이와 같이 '실체인 나'는 없다.

어떤 물체가 나타나면 우리가 그것을 보지만, 보는 거기에 그것을 보는 '나라는 주재자', 즉 '짓는 자[작자作者]'는 없다. 따라서 보고 듣는 '작용의 주체', 즉 '짓는 자'를 나라고 생각하는 것은 전혀 잘못된 것이다.

'실체의 나'가 없다는 것은 무엇을 의미하는가? 우리는 '실체의 나'가 보고 듣고 생각하고 말하고 움직이는 줄 알았는데, 그런 시청언동視聽言動의 작용을 하는 나라는 주체가 없다는 뜻이다. 이는 시청언동의 작용을 짓는 나라는 실체가 있어서 그 나가 보고 듣는 작용을 일으킨다는 우리의 생각이 잘못된 것임을 뜻한다.

우리가 이렇게 분명히 보고 듣고 하는데, 거기에 '짓는 자'는 없다. 우리가 시청언동을 하지만, 시청언동 하는 거기에 시청언동의 작용을 '짓는 자는 없다'. '무작자無作者'이다. 이것이 부처님의 무아 가르침의 핵심이다. 이를 '인무아人無我'라고 한다.

'짓는 자', 즉 '작용의 주체[작자作者]'가 없으면 '작용[작作]'도 있을 수 없다. 붉은 장미를 '보는 자'가 없는데 어떻게 '보는 작용'이 홀로 있을 수 있겠는가?

우리가 지금 이렇게 붉은 장미를 분명히 보고 있는데 '보는 자'도 없고 '보는 작용'도 없다니! 이는 우리의 상식과는 너무나도 다른 것이다.

그렇기에 '인무아人無我'라는 무아법은 참으로 이해하기도 어렵고 받아들이기도 쉽지 않다. 이대로 삼킬 수도 없고, 그렇다고 뱉을 수도 없는 것이 부처님의 무아법이다. 그러나 무아법의 준령을 넘지 않고서는 불교 공부와 수행에서 진척을 이룰 수 없다.

분명히 보기는 보는데,
거기에 '보는 자'가 없다 ③

어떤 물체가 나타나면 우리가 그것을 본다. 보는 작용을 '짓는 자', 즉 '보는 자'가 없는데 어떻게 우리는 볼 수 있는가? 참으로 신비한 일이 아닐 수 없다. 이것을 이해하는 것은 '짓는 자가 없다'는 무아법보다 더 넘기 어려운 준령인지 모른다.

우리가 전혀 상상하지도 못하는 그 신비한 것을 이 책에서 밝혀 보고자 한다. 이것이 이 책의 과제 중 하나이다.

여기서는 그 모든 보고 들음이 다만 인연에 따라 그러할 뿐임을 살펴보고자 한다. 예를 들어 바람이 불어 들판에 꽂아둔 깃발이 펄럭이는 경우를 상정해 보자.

이때 우리는 '깃발이 펄럭인다'고 생각하고 그렇게 말한다. 그런데 조금만 더 깊이 들여다보면 '깃발이 펄럭인다'는 것이 전혀 사실이 아님을 알게 된다. 깃발은 나무막대기에 천 조각을 매달아 놓은 것인데, 물질인 나무막대기와 천 조각에 어떻게 '펄럭이는 작용'을 일으키는 권능이 있을 수 있으며, 또한 그 '작용의 주체'가 될 수 있겠는가?

〈주어+술어〉의 형태로 사고하고 표현하는 사람들의 사고 및 언어 구조상 깃발을 '주어'로 세워 '깃발이 펄럭인다'고 표현하는 것에 불과하다. '깃발이 펄럭이는 현상'은 단지 '인연에 의할 뿐'이다. 즉 막대기, 천, 바람, 사람의 인식 등이 합쳐져서 깃발이 펄럭이는 현상이 발생하고, 그것을 인식하게 되는 것이다.

사람의 보고 들음도 그와 같다. 깃발의 경우와 똑같이, 물질인 눈과 귀가 어떻게 '보고 듣는 작용'을 일으키는 권능이 있을 수 있겠는가? 그리고 몸과 마음 그 어디를 찾아봐도 나라고 할 만한 것이 없는데, 그 무엇이 있어서 보고 듣는 작용의 주재자, 즉 '짓는 자[작자作者]'가 되겠는가?

6근과 6경의 상호작용에 의해 6식, 즉 '보고 듣는 작용'이 생기는 것일 뿐이다. 이 모든 보고 들음이 모두 '인연에 의한 것'이다.

필자가 지금 이렇게 글을 쓰고, 독자들이 지금 이렇게 글을 읽는 이 모든 작용이 인연으로 말미암아 일어나는 것일 뿐, 거기에 '작용의 주체', 즉 '짓는 자'가 없는 것이 진실이다. 누가 이 진실을 짐작이나 할 수 있겠는가?

그런데도 우리는 이렇게 글을 쓰고 글을 읽는 작용을 '짓는 자'가 바로 나라고 생각하고, 그 나가 실제로 존재하는 것으로 착각하고 살아간다. 전형적인 범부의 모습인 것이다.

문 수 : 마하가섭이여, 그대가 생각하기에 이 기사굴산耆闍崛山은 누가 만든 것이며, 이 세계는 또한 어디에서 나온 것입니까?

가 섭 : 문수사리여, 일체 모든 세계는 물거품으로 만들어진 것이며, 또한 중생의 불가사의한 업의 인연[부가사의업인연不可思議業因緣]에서 나온 것입니다.

문 수 : 그렇습니다. 일체 모든 법이 또한 불가사의한 업의 인연으로서 있는 것이니, 내가 이 일에 (아무런) 공력功力이 없습니다. 왜냐하면 일체 존재가 모두 인연因緣에 속해 있어서 주재자가 없기 때문입니다.

「수능엄삼매경」

나는 없다는 것을
깊이 깨우쳐야 한다

종교란 기복적 의미를 가질 수밖에 없는 측면이 있다. 대다수 사람이 나와 가족의 부귀영화와 건강, 더 나아가 죽은 다음의 나와 가족의 극락왕생까지 종교에 의지해서 얻고자 하기 때문이다. 종교가 이런 소망을 충족시켜 주지 못한다면 그들에게 종교는 더 이상 의미가 없을지도 모른다.

불교 역시 예외가 아니다. 예외가 아니라기부다 오히려 불교는 기복 종교의 대명사처럼 비춰지고 있는 것도 사실이다. 하지만 불교의 기복적 요소는 대다수 사람의 현실적 요청을 외면하지 못해서 생겨난 중생 구제 차원의 방편일 뿐 불교의 본질은 아니다.

불교의 본질, 즉 부처님 가르침의 근본은 나와 가족에게 부귀영화와 건강과 극락왕생을 주고자 하는 것이 아니라 오히려 나를 없애고자 하는 것이다. '나'가 없으면 나의 부귀영화와 건강도 '나의' 가족의 부귀영화와 건강도, 나의 극락왕생도 '나의' 가족의 극락왕생도 설 자리를 잃게 되고, 나의 처지니 나의 입장이니 나의 생각이니 하는 것들도 설 자리를 잃게 되어 모든 '나의 것'들도 더불어 없어진다.

'나'와 '나의 것'이 몽땅 없어지면 그에 따라 이 세상은 지금 '있는 이대로' 고요하고 지극히 행복한 땅, 즉 불국토佛國土가 된다. 이미 이 세상이 지금 '있는 이대로' 불국토, 즉 극락이라면 부귀영화를 얻은들 그것을 어디에 쓸 것이며, 극락왕생을 얻은들 그것을 어디에 쓸 것인가? 그러니 나를 없애라고 하는 것이다.

나를 없앤다는 말은 오해되기 쉽다. '나'라는 것이 실제로 있고, 그 나를 없애는 '또 다른 나'가 있는 것으로 받아들여질 수 있기 때문이다. '나'도 없고, 나를 없애는 '또 다른 나'도 없다.

따라서 나를 없앤다는 것은 '실제로 있는 나'를 없애는 것이 아니라 '원래 나라는 것이 없다'는 것을 깊이 깨우치는 것이다. "아, 그래. 부처님의 가르침의 요체는 나를 없애는 거야. 나를 없애야겠다."라고 다짐을 '하는 자'가 바로 없애야 할 '있지도 않은 나'이다. 그런 다짐을 할 때 거기에 그 다짐을 '하는 자(= 주재자)'가 없다는 것을 깊이 깨우쳐야 한다는 말이다.

나는 신기루와 같다 ①

 불교의 무아론을 오해하는 경우가 많다. 그 오해의 핵심은 불교에서 사람들이 나라고 생각하는 움직이는 이 '몸과 마음', 즉 현상아現象我, empirical self가 없다고 주장한다고 잘못 아는 것이다.

 불교의 무아론은 우리가 나라고 생각하는 이 '몸과 마음'이 없다고 하는 것이 아니다. 우리가 나라고 생각하는 이 '몸과 마음', 즉 오온에 나라고 할 만한 '자체의 성품'이 있는 '어떤 것'이 없다는 것이다. 오온은 일정한 시간이 지나면 다 흩어지고 없어지고 마는 것에서 잘 알 수 있다. 스스로 존재하는 '자체의 성품이 있는 것'이 없기 때문이다.

 이것이 유상교의 관점이다. 실체는 없지만 오온이라는 '임시적 모습'은 있다고 보기 때문에 유상교有相敎, 즉 '모습이 있다는 가르침'이라고 한다.

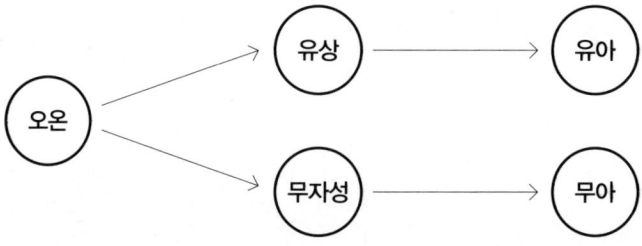

　모습이 있는 이 오온은 정말 있는 것인가? 이렇게 한 단계 더 깊이 파고 들어간 것이 '공시교空始教'이다. 오온은 인연으로 생겨난 것이다. 인연으로 생겨난 것은 '자체의 성품'이 없다. '자체의 성품'이 없는 것은 꿈이나 신기루처럼 겉으로는 있는 것 같지만 실제로는 없다. 그러므로 오온은 꿈이나 신기루와 같은 것이다. 그래서 오온은 겉으로는 있는 것 같지만 실제로는 없는 것이다.

　이렇게 '모습이 있는 것[유상有相]'에 대해 보다 철저한 입장에 서는 것이 '공시교空始教'이다. 이 가르침을 중국 남북조 시대의 남조에서는 '무상교無相教', 즉 '모습이 없다는 가르침'이라고 하였고, 북조에서는 '파상교破相教', 즉 '모습을 깨뜨리는 가르침'이라고 하였다.

나는 신기루와 같다 ②

'자체의 성품'이 없는 것을 공空이라고 한다. 꿈이나 신기루는 '자체의 성품'이 없다. 이 오온은 꿈이나 신기루와 같이 '자체의 성품'이 없어 공하다.

꿈속의 것들은 그 무엇이든 생겨나도 실제로는 생겨나는 것이 아니고[생즉무생生卽無生] 없어져도 없어지는 것이 아니다[멸즉무멸滅卽無滅]. 신기루도 그와 같다. 신기루를 보고 실제로 있는 줄 알고 쫓아가 보면 그 실체가 없다.

꿈에서 김 서방이 박 서방과 박장대소하며 웃을 때는 실제로 있는 것 같지만, 잠에서 깨고 보면 그런 것은 없다.

이 '몸과 마음'이 그렇다. 생겨나도 실제로는 생겨나는 것이 아니고 없어져도 실제로는 없어지는 것이 아니다. 꿈속의 것들은 '있는 그대로' 실제로는 없는 것이며, 신기루 또한 '있는 그대로' 실제로는 없는 것이다.

나라고 여기는 이 '몸과 마음'인 오온이 그렇다. '있는 그대로'인 채로 실제로는 없는 것이다. 공空인 것이다. 이것을 '아공我空' 또는 '인공人空'이라고 한다.

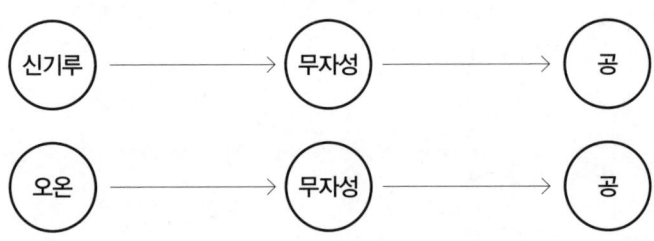

일체 법이 자성自性이 없어서, 생生도 없고 멸滅도 없으니, 본래 고요하고, 자성이 열반이니라.

「해심밀경」

오온은 이렇게 공한 것인데, 그것을 모르고 우리는 나가 있다고 착각하고 집착한다. 꿈속에서 꿈속의 온갖 것이 있다고 착각하고 집착하는 것과 다를 바 없다.

나는 신기루와 같다 ③

오온인 나가 꿈이나 신기루처럼 존재한다는 것을 아는 지혜를 갖춘 사람은 오온인 나로 인해 발생하는 모든 문제로부터 자유롭다. 신기루 같은 꿈속의 일에 집착하여 속박될 이유가 전혀 없다는 것을 알기 때문이다.

오온이 원래 '없는 것'인 줄 아는데, '없는 것'에 문제라는 게 어디에 있을 수 있겠는가? 꿈속의 '김 서방'이 원래 '없는 것'인데, 꿈속의 '김 서방의 문제'라는 것이 어디에 있겠는가?

하지만 오온인 나가 꿈이나 신기루처럼 존재한다는 것을 아는 지혜를 갖추지 못한 사람은 오온과 오온의 문제에 홀딱 빠져서 허우적거릴 수밖에 없다. 공시교가 오온을 깊이 파고들어 꿈과 같고 환영과 같다고 밝혀낸 연유가 바로 여기에 있다.

무릇 모습이 있는 것[유상有相]은 모두 다 허망하니라.

「금강경」

일체의 모습 있고 이름 있는 것은 꿈 · 환영 · 거품 · 그림자와 같으며, 이슬과 같고 또한 번개와 같으니, 응당히 이와 같이 바라보아라.

「금강경」

꿈을 꿀 때 꿈에도 온갖 것이 존재하고, 영화가 상영될 때 스크린에도 온갖 영상이 존재하지만, 그것은 지금 '있는 그대로' 없는 것이다. 그러니 꿈속의 일들과 스크린 속의 영상들로 괴로워한다면 그것은 어리석기 짝이 없는 일이다. 따라서 꿈속의 일들과 스크린 속의 영상들은 '원래 없는 것'임을 깨우쳐야 한다.

마찬가지로 움직이는 이 '몸과 마음', 즉 나라는 것도 꿈처럼 환영처럼 존재하므로 지금 '있는 이대로'인 채로 '원래 없다는 것'을 깊이 깨우쳐야 한다.

'나'가 없으면
일체의 괴로움도 더불어 없다 ①

불교의 무아론은 '나가 존재하느냐 존재하지 않느냐?' 하는 주제에 대한 철학적 담론이 결코 아니다. '나는 누구인가?'라는 주제에 대한 형이상학적 논의도 아니다. 불교의 무아론은 일체중생이 지금 바로 눈앞에서 겪고 있는 온갖 괴로움에서 어떻게 벗어날 것인가 하는 절박한 실용적 문제에 대한 진단과 처방이다.

나는 원래 존재하지 않는데, 나가 존재한다고 굳게 믿고 집착하는 까닭으로 중생이 온갖 괴로움을 받기 때문에 부처님께서 그것에서 벗어나도록 하기 위해 무아를 설하신 것이다. 이는 마치 어떤 사람이 잠을 자면서 악몽으로 신음하고 있을 때 옆에 있는 잠자지 않는 사람이 흔들어 깨워주는 것과 같다.

꿈꾸는 사람이 괴로움을 받는 그 상황은 실제가 아니며, 그 괴로움에서 벗어나는 유일한 길은 꿈에서 깨는 것뿐이다. 스스로 깨지 못하므로 옆에 있는 잠자지 않는 사람이 깨워주어야 한다. 꿈에서 존재하는 나와 세상이 실제로는 없는 것이듯이, '현실이라는 꿈'에서 존재하는 나와 세상도 역시 실제로는 없는 것이므로 '현실이라는 꿈'을 깨라고 흔들어 깨우는 것이 바로 부처님의 무아의 가르침이다.

이와 같이 일체의 괴로움의 근원은 나의 존재이다.

나가 있으면 그 나는 일신의 안위와 부귀영화를 갈망하고 늙기를 싫어하며 병들지 않고 건강하기를 바라며, 오래 살기를 바라기 마련이다. 그러나 그것들 어느 것 하나도 녹록한 것은 없다. 그로 인해 우리들의 삶이 생로병사와 우비고뇌의 일체 고액으로 점철될 수밖에 없다.

하지만 '나'가 없으면 일체 고액으로부터 단숨에 벗어나게 된다.

오온이 모두 공空함을 비추어 보아, 일체의 고액苦厄에서 벗어난다.

「반야심경」

'나'가 없으면
일체의 괴로움도 더불어 없다 ②

일체 고액의 근원이 나의 존재이므로, 괴로움이 있다면 바로 거기에 '나'가 있는 것이다. 무엇을 볼 때 마음이 편치 못하고 힘들다면 바로 거기에 '나'가 도사리고 있는 것이다. 어떤 것을 들을 때 귀에 거슬리고 못마땅하다면 바로 거기에 '나'가 도사리고 있는 것이다. 어떤 것을 생각할 때 증오와 분노가 치밀어 올라 견딜 수 없다면 바로 거기에 '나'가 도사리고 있는 것이다. 이것을 좋아하고 저것은 싫어하여 이것을 취하고 저것은 내친다면 바로 거기에 '나'가 있는 것이다.

> 지극한 도는 어렵지 않으니 단지 요리조리 따져서 취하고 버리지만 않으면 될 뿐이요, 좋아하고 싫어하는 것만 하지 않으면 탁 트여 (진리가) 명백하리라.
>
> 승찬 대사(3조), 「신심명」

'나'가 없다면 내가 상대해야 할 '대상'도 더불어 없게 된다. '나'가 없는데 어떻게 대상이 혼자 존재할 수 있겠는가? 대상이 없으면 '대상에 대한 생각'도 더불어 없고, 대상에 대한 생각이 없으면 '대상으로 인한 괴로움'도 더불어 없게 된다. 그 모두가 '나'에 의지해서 존재하는 것이기 때문이다.

괴로움을 '경험하는 자(= 나)'가 없다면 어떻게 '괴로움'이 혼자 존재할 수 있으며, 괴로움의 핍박을 '받는 자'가 없다면 어떻게 괴로움으로 '핍박받는 일'이 있을 수 있겠는가? 그러므로 '짓는 자'가 없다는 '인무아人無我의 도리'를 터득해야 한다. 그러면 우리는 괴로움에서 바로 벗어날 수 있다. 지금처럼 '괴로운 자(= 나)'가 있어서 그 '나'가 '괴롭다'고 여기는 한, 괴로움에서 벗어날 수 있는 길은 없다.

괴로움이 있는 순간 '나'가 있음을 알아차리고, 그 '괴로워하는 자'(= 나)가 원래 없음을 깨우쳐야 한다. '나'가 없음을 깨우치면 대상에 대한 갈망과 집착도 더불어 없어지므로, 무엇을 보고 무엇을 듣든 전혀 마음에 걸리는 것도 없고 마땅하고 마땅하지 않은 것도 자연히 없어지게 되니 괴로움이 붙을 일도 없다.

무엇을 보면서 마음이 편치 못하고 힘들 때, 어떤 것을 들으면서 귀에 거슬리고 못마땅할 때, 어떤 것을 생각하면 분노가 치밀어 오를 때, 그와 같은 마음의 흐름을 놓치지 말고 그것을 그저 남의 일인 양 담담히 지켜볼 수 있어야 한다. 그것이 곧 나 없음을 깨우치는 한 방법이기 때문이다. 그렇게 하여 '나'가 없으면 일체의 괴로움에서 단숨에 벗어나게 된다.

나는 원래 없으니
'지금 이 순간'의 모습이 곧 나의 모습이다

봄이 되면 나무에 새싹이 돋고 꽃이 피고, 여름이 되면 나뭇잎이 무성하며, 가을이 되면 열매가 익고 단풍이 들며, 겨울이 되면 앙상한 가지만 남는다. 이렇게 나무는 늘 그 모습이 변한다. 그렇다면 나무의 진정한 모습은 무엇일까?

당연히 나무의 정해진 모습은 없다. 무아이다. 봄 여름 가을 겨울 그때그때 순간순간의 모습이 나무의 진정한 모습이다. 그와 같이 나무는 무아이기 때문에 오히려 온갖 모습으로 변할 수 있다.

사람도 마찬가지이다. 나의 정해진 모습은 없다.

어릴 때 시골 냇가에서 물고기를 잡고 들판을 뛰어다니며 놀던 철없던 필자가 오늘 이렇게 불교 책을 쓰는 어엿한 성인으로 성장해 있다. 철없던 그때와 지금 중 어느 것이 나의 진정한 모습일까?

당연히 나의 정해진 모습은 없다. 그때는 그게 나의 진정한 모습이었고, 지금은 지금의 모습이 나의 진정한 모습이다. 정해진 모습이 없기에 철부지가 어엿한 성인으로 성장할 수 있다.

무아, 즉 나의 모습이 정해진 것이 없다는 것은 도리어 나는 다양한 모습의 사람이 될 수 있다는 무한한 잠재성과 가능성을 의미한다. 그러므로 자신의 현재의 모습을 자신의 정해진 모습으로 단정할 필요가 없다. 따라서 자신의 현재의 모습에 열등감을 가져 위축되거나 반대로 우월감을 가져 교만할 일도 없다. 그건 다만 현재의 모습일 뿐이며 무한한 변화 가능성이 열려 있기 때문이다.

무아, 즉 정해진 모습이 없어서 '지금 여기' 이 순간의 모습이 나의 진정한 모습이라는 것은 나는 '지금 여기' 이 순간을 떠나서 따로 존재하는 것이 아니며, 나의 삶 역시 '지금 여기' 이 순간의 삶을 떠나서 따로 존재하는 것이 아니라는 것을 의미한다.

나와 나의 삶이 '지금 여기' 이 순간을 떠나서 따로 존재하는 것이 아니라면 '지금 여기' 이 순간에 나와 나의 삶이 존재함에 감사하지 않을 수 없고, '지금 여기' 이 순간의 삶에 집중하고 충실하지 않을 수 없으며, '지금 여기' 이 순간에 머무는 것 외에 다른 길은 없다.

지나간 일에 대해 근심하지 말고 미래에 집착하지 마라. 현재에 얻어야 할 것만을 따라 바른 지혜로 최선을 다할 뿐 다른 생각을 하지 마라. 미래를 향해 마음을 달리고 과거를 돌아보며 근심 걱정하는 것은 마치 우박이 초목을 때리듯 어리석음의 불로 스스로를 태우는 것이다.

「잡아함경」

봄이 되면 꽃이 피고 가을이 되면 단풍이 들 듯이 혹은 빈 배가 단지 물결 따라 흘러가듯이 그저 시절과 인연에 맡겨서 단지 '지금 여기' 이 순간에 머물 뿐인 사람에게는 인간은 말할 것도 없고 산천초목까지도 귀하고 사랑스럽고 아름답게 느껴진다. 그로 인해 삶은 "매일매일 좋은 날이다."

나는
있는 것도 아니고 없는 것도 아니다 ①

　우리는 어떤 것을 인식하거나 생각할 때 균형 잡힌 사고를 하지 못하고 한쪽으로 치우친 사고를 하기 쉽다. 우리는 움직이는 이 '몸과 마음'을 실체로 보아 나로 여기고 '나는 있다'고 생각한다. 또한 몸과 마음과는 별개인 '실체인 나'가 있다고 생각하기도 한다. 이러한 '아견我見'은 치우친 생각임을 유상교와 공시교가 보여주고 있다.

　부처님 생존 당시에 인도 사람들은 브라만교의 영향으로 몸속에 있는 '실체인 나'인 아트만이 육체의 죽음에도 소멸하지 않고 영속한다고 생각했다. 이런 생각들은 '있다[유有]'는 집착에서 비롯된 '뒤바뀐 생각'이다.

　오늘날에는 '영혼'이라는 것이 있어서 그것이 죽은 후에도 소멸하지 않고 영속한다고 생각하는 사람들이 많다. 이런 생각 역시 '있다'는 집착에서 비롯된 '뒤바뀐 잘못된 생각'이다.

　이렇게 '있다'는 집착에서 비롯된 잘못된 생각을 '유위有爲의 도견倒見'이라고 한다. 또는 유有에 집착한다고 해서 '유집有執'이라고도 한다. 실체론적 사고를 하는 사람들의 집착이다.

부처님께서 '나는 없다'는 무아의 교설을 펴신 것은 '나'가 없는데 나가 있다고 뒤바뀐 생각에 빠져서 온갖 괴로움을 겪고 있는 중생들을 위한 것이다. 사람들의 견고한 착각인 '유위의 도견'을 깨기 위한 것이다. 사람들의 일체 고액의 근원이 '나가 있다는 생각', 즉 '아상我相'이기 때문이다. 사람들은 나가 아닌 것을 나로 삼음으로 인해 온갖 괴로움을 겪는다.

부처님께서 무아의 교설을 펴자 이제는 부처님 가르침의 진의를 제대로 파악하지 못하고 '무아'나 '무상'을 곧이곧대로 받아들이고는 허무주의적 인생관에 빠지는 폐단이 발생하였다.

지혜가 낮은 성문聲聞들이 나라는 것도 없고, 죽음으로 나의 모든 것이 무無로 돌아가며, 세상의 모든 것 역시 무상하여 그 어떤 것도 영원한 것이 없다는 '단견斷見'에 빠져버렸다. 그래서 이 세상에는 즐거운 것도 없고 행복에 대한 희망도 없다고 생각하고는 모든 것이 허무하다는 생각에 빠져 산송장처럼 현실 세상을 외면해 버리고 만 것이다. 이것은 나도 세상도 '영원한 것[상常]'도 '즐거운 것[락樂]'도 모두 없다는 생각, 즉 '없다[무無]'는 집착인 단멸斷滅에서 비롯된 '뒤바뀐 잘못된 생각'이다.

이렇게 '없다'는 집착에서 비롯된 뒤바뀐 생각을 '무위無爲의 도견倒見'이라고 한다. 또는 공空에 집착한다고 해서 '공집空執'이라고도 한다. 허무론적 집착인 '악취공惡取空'이다. 따라서 유상교의 '나는 없다'는 가르침이나, 공시교의 '오온은 꿈같이 공한 것'이라는 가르침을 듣고 그것을 곧이곧대로 받아들여 악취공에 빠지는 우를 범해서는 안 된다.

나는
있는 것도 아니고 없는 것도 아니다 ②

부처님께서 무아와 공을 말씀하신 것은 그 자체를 위한 것이 아니며 중생의 온갖 괴로움의 근원인 아집我執을 없애기 위한 것임을 알아야 한다.

무상하여 괴로움의 근원인 오온에 대한 집착을 없앰으로써 집착의 그 마음을 회심廻心하여 '공하지 않은 것[불공不空]'으로 돌아가게 하는 것이 부처님의 진의眞意임을 간파해야 한다.

우리는 오온의 '있는 측면'(즉, 현상)과 '없는 측면'(즉, 실체)을 균형 있게 보는 그런 중도中道의 지혜를 가져야 한다. 나인 오온은 '자체의 성품'이 없는 것, 즉 무자성[무성無性]이다. 무자성이므로 '완전히 있는 것'이 아니다[비유非有]. 그러므로 그것은 집착할 것도 없고 취할 것도 없다.

집착을 떠나면 그로 인한 괴로움에서 벗어나게 된다.

〈중도〉

오온	현상	비무非無 = 역유亦有	중도
	실체	비유非有 = 역무亦無	

또한 오온은 인연으로 생겨난 것, 즉 연성緣性이므로 '완전히 없는 것'도 아니다[비무非無]. 그러므로 악취공(즉, 허무주의)에 떨어져서 현실 세상을 외면하는 산송장이 될 필요가 없다. 연성이므로 굳이 버리려고 애쓸 것도 없다. 애쓴다고 버려지는 것도 아니다. 현상으로서 엄연히 존재하기 때문이다.

집착하지 않으면서 '있는 그대로' 쓰고 살면 된다.

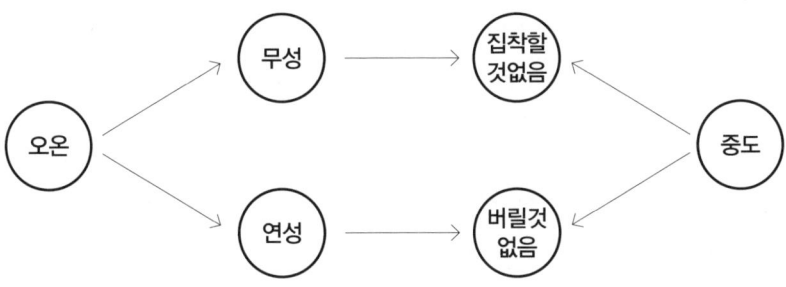

나인 오온은 있는 것도 아니고[비유非有 = 역무亦無], 없는 것도 아니라는[비무非無 = 역유亦有] 중도의 도리에 눈뜰 때 정반합正反合의 대긍정의 삶이 열리게 된다.

부처님께서 말씀하시고자 하는 진의도 중도의 도리에 눈을 떠서 지금처럼 웃을 일이 있으면 웃고, 울 일이 있으면 울고, 배고프면 밥 먹고, 그렇게 걸림 없이 살라는 것임을 간파해야 한다.

나는 마음이 만들어낸 허상이다

나인 오온도 공하여 실제로 있는 것이 아니고, 나라는 실체도 있는 것이 아닌데, 어째서 내가 분명히 있는 것처럼 여겨질까? 저기 담장에 있는 붉은 장미가 공하여 실제로 있는 것이 아닌데, 어째서 붉은 장미가 분명히 있는 것처럼 여겨질까?

담장의 붉은 장미는 스스로 "나는 붉은 장미입니다."라고 말하지 않는다. 또한 "여보세요, 나 여기 있어요!"라고 말하지도 않는다. 붉은 장미가 된 것도, 붉은 장미가 있는 것도 모두 마음(제6식과 제7식)의 분별 때문이다.

우리가 이 자리에서 문득 잠이 들어 마음의 분별 작용이 정지해 버리면, 붉은 장미라는 것도 붉은 장미가 있다는 것도 모두 없어진다. 붉은 장미는 스스로 있는 것이 아니며, 철저히 사람의 마음에 의지하여 존재한다. 다른 것에 의지하여 있으므로 실제로 있는 것이라고 할 수 없다. '꿈꾸는 마음'에 의지해서 있는 꿈속의 일들이 실제로는 없는 것과 같다.

나도 마찬가지이다. 이 몸이 스스로 나라고 주장하지 않는다. 또한 영혼이 있어서 그 영혼이 스스로 나라고 주장하지도 않는다. 단지 우리들의 미혹한 마음, 즉 제6식과 제7식이 '이 몸과 마음이 나'라는 느낌을 버리지 못하고, 그것을 좇아 망령되이 분별하여 이 '몸과 마음'을 나라고 여기는 것에 불과하다.

또한 견문각지 하는 주체가 나라고 생각하는 것도 미혹한 마음인 6식과 제7식의 작용을 '실체'로 오인하여 그것을 나라고 착각하는 것일 뿐이다.

문득 잠이 들면 몸인 나도 없고, 실체인 나도 없다. 나는 철저히 미혹한 마음이 만들어낸 허상에 불과하다. 실제로 있는 것이 결코 아니다. 이와 같은 입장에 서 있는 것이 '상시교相始教'이다.

〈나의 유무와 내용〉

교판	나의 유무	나의 내용
1. 인연종	있음	오온
2. 유상교	없음	무아
3. 공시교	공함	아공
4. 상시교	허망함	변계소집상

상시교는 '유식 불교唯識佛教'의 가르침을 말한다. 유식 불교는 제6식이나 제7식이 작용하여 어떤 허상을 만들어내는 것을 '변계소집遍計所執'한다고 하고, 식識의 변계소집으로 생겨난 것을 '변계소집상遍計所執相'이라고 한다. 또는 '망계자성妄計自性'이라고도 한다. 망계자성이란 망령되이 분별하여 있게 되는 것이라는 뜻이다.

우리가 나라고 하는 것은 유식 불교의 용어를 빌리면 '변계소집상'이고 '망계자성'이다. 따라서 나는 철저히 '관념의 소산'일 뿐 실제로 있는 것이 아니다.

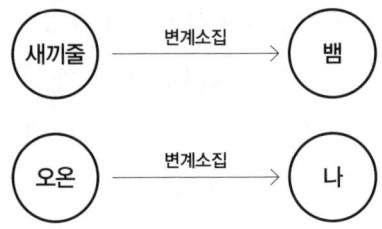

어떤 사람이 산길을 가다가 길에 뱀이 있는 것을 보고 화들짝 놀라 도망을 쳤다가 한참 뒤에 마음을 가라앉히고 다시 돌아와 보니 그건 뱀이 아니라 새끼줄이었다.

새끼줄에서 뱀을 보게 된 것은 제7식이 만들어낸 허상을 제6식이 뱀으로 인식했기 때문이라는 것은 앞에서 살펴보았다. 이때 뱀이 바로 '변계소집상'이고 '망계자성'이다.

'몸과 마음'을 나로 보는 것은 새끼줄을 뱀으로 보는 것과 같다. 어리석은 착각인 것이다. 나는 '변계소집상'이고 '망계자성'일 뿐이다.

나는 제8식의 견분見分이다 ①

우리는 인식주체와 인식대상이 각각 별개로 존재한다고 생각한다. 인식주체인 나는 인식대상인 삼라만상과는 별개로 '여기에' 존재하며, 인식대상인 삼라만상 역시 나와 별개로 '저기에' 존재하는 것이 분명해 보이기 때문이다. 하지만 그렇지 않다. 인식주체와 인식대상은 별개로 존재하는 것이 아니라 상호의존적이다.

'보이는 대상'은 스스로 존재하는 것이 아니라 '보는 자'가 있을 때 그 '보는 자'에 의해서 존재하며, '보는 자' 역시 스스로 존재하는 것이 아니라 '보이는 대상'과의 접촉을 통해서만 존재한다. 따라서 '보는 자'가 없으면 '보이는 대상'도 없고, 또한 '보이는 대상'이 없으면 '보는 자'도 없게 된다.

'보는 자'가 없으면 '보이는 대상'이 있다는 것을 알 수도 없고 '보이는 대상'이 있다고 말할 수도 없다. 또한 '보이는 대상'이 없으면 '보는 자'가 있다는 것 자체가 성립할 수 없다. '보이는 대상'이 있어야 '보는 일'과 '보는 자'가 있을 수 있기 때문이다. 이와 같이 인식주체와 인식대상은 각각 별개로 존재하는 것이 아니라 서로에게 의지하여 존재한다.

스스로 존재하는 것이 아니라 다른 것에 의지하여 존재하므로, '보는 자'도 '보이는 대상'도 '자체의 성품'이 없는 환영과 같은 존재이다. 이러한 진실에 눈뜨게 하는 것이 유상교와 공시교이다. 하지만 '무아'다 '공'이다 하는 이 대목에서 대의를 놓치게 되면 길을 잘못 들어 허무주의에 떨어지는 우를 범하게 된다. 실제로 수행자들 중에서 허무주의(즉, 악취공)에 떨어져 세상을 등진 산송장이 되는 경우가 많았다.

상시교는 사람들이 악취공에 떨어지지 않도록 유상교나 공시교보다 한 단계 더 앞으로 나아갔다. 인식주체인 '나'와 인식대상인 '삼라만상'이 실재하지 않는 환영과 같은 것임을 밝히는 데 머무르지 않고, 한 걸음 더 나아가 그 환영을 만들어낸 '공하지 않은 것', 즉 불공不空이 있음을 보여주고 있다. 불공이란 제8식을 가리킨다.

공시교의 진의 역시 불공을 드러내고자 하는 것이다. 공시교가 연기적 존재에 대해 꿈과 같고 환영과 같다고 하는 것은 그 자체를 말하기 위해서가 아니며, 그를 통해 '공하지 않은 것'이 있음을 드러내기 위한 것임을 간파해야 한다.

인식주체와 인식대상은 스스로 존재하는 것이 아니라 제8식이 이원화二元化한 것, 즉 제8식에 의지하여 생겨난 것이다. 다른 것에 의지하여 '생겨나는' 것을 유상교有相敎에서는 '연기緣起'라고 하고, 상시교相始敎에서는 '의타기依他起'라고 한다.

다른 것에 의지하여 '생겨난' 것을 '의타기성依他起性'이라고 한다. 그러므로 인식주체와 인식대상은 모두 의타기성이다.

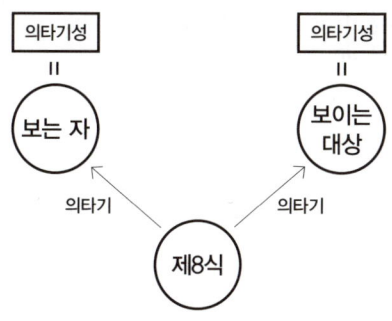

어리석은 자 사팔뜨기여,
한 개의 촛불을 두 개로 보고 있네
그러나 '보는 자'와 '보이는 대상'은 둘이 아니네
아, 그대의 착각으로 '보는 자'와 '보이는 대상'으로 나뉘었네

사라하Saraha, 「사라하의 노래」

제8식이 인식주체와 인식대상으로 이원화하여 나타나므로 인식주체와 인식대상의 근원은 제8식이다. 그러므로 인식주체와 인식대상은 모두 제8식의 서로 다른 모습에 불과하다.

제8식이 주객으로 이분二分되어 인식주체, 즉 '보는 자'로 나타난 것을 제8식의 '견분見分'이라고 하고, 인식대상, 즉 '보이는 대상'으로 나타난 것을 제8식의 '상분相分'이라고 한다.

나는 제8식의 견분見分이다 ②

인식작용이 이루어지는 현장에서 사람들은 인식주체와 인식대상이 각각 별개로 있어서 인식주체가 인식대상을 인식하는 것으로 알지만, 사실은 제8식이 인식주체와 인식대상으로 이원화되었기 때문에 인식작용이 가능하다. 그러므로 우리가 뭔가를 인식한다는 것은 이미 제8식이 주객으로 이원화되었다는 것을 의미한다.

제8식이 두 가지로 변해서 나타난[변현變現] 것에 불과한 견분과 상분을 제7식이 독립적인 실체인 나[실아實我]와 삼라만상[실법實法]이라고 착각한다. 그에 따라 사람들은 '보는 자'로서의 나가 '여기 이 안에' 실제로 존재하고, '보이는 대상'으로서의 삼라만상이 '저 바깥에' 실제로 존재한다고 생각하게 된다.

〈주객의 명칭들〉

주관	자아	아我	보는 자	견분見分
객관	외부대상	법法	보이는 대상	상분相分

이러한 분별은 배우지 않더라도 태어나면서부터 선천적으로 하게 된다. 제7식의 이러한 분별을 '구생기분별俱生起分別'이라고 한다는 점은 앞에서 이미 논의한 바 있다.

이와 같이 제7식이 선천적으로 제8식의 견분에 집착하며 그것을 나라고 착각하기 때문에 우리는 '실체인 나'가 있다고 철석같이 믿게 된다.

> 모든 식識이 일어날 때 변하여 자아我와 법法으로 현현한다. 이 자아와 법의 모습은 비록 내부의 식에 있지만 분별에 의해서 외부대상으로 현현한다. 모든 유정有情의 무리는 아득한 옛적부터 이것[사아법似我法의 상相]을 반연하여 집착해서 실아實我와 실법實法으로 삼는다.
>
> 호법, 「성유식론」

새끼줄을 뱀으로 오인하지 말자

우리가 '실유實有', 즉 실제로 존재하는 것이라고 믿었던 '보는 자'와 '보이는 대상'이 실유가 아니라 순전히 제7식에 의해 허망하게 지어진 '가상의 존재', 즉 '가유假有'임을 상시교가 밝힌 것이다.

우리가 실제라고 철석같이 믿고 있는 '작용의 주체'인 '보는 자'와 '작용'인 '보이는 대상'이 순전히 제7식의 사량분별로 생겨난 '허망한 것'이다. 그러므로 밤에 꿈을 꾸면서 우리가 어떤 일로 괴로움을 당할 때 그것이 실제가 아니라 순전히 꿈꾸는 마음의 작용에 의해서 생겨난 것이듯이, 현실에서 무엇을 보고 듣고 무엇으로 괴롭고 슬픈 것 역시 실제가 아니라 순전히 제7식의 놀음에 의해 생겨난 '허망한 것'에 지나지 않는다.

상시교는 우리로 하여금 이러한 안목에 눈을 뜨게 한다. 그러나 우리는 이것을 받아들이지 못한다. 우리의 현실 인식과 너무나 거리가 있어 보이기 때문이다. 제8식이 있다는 것도 받아들이기 쉽지 않다.

그러니 상시교의 가르침은 참으로 넘기 어려운 준령이 아닐 수 없다. 하지만 이 높은 산을 넘어야 불교 공부와 수행에서 진척을 이룰 수 있다.

산길에 놓인 새끼줄을 뱀으로 인식해서는 안 된다. 공연히 놀라 도망가느라고 수고롭고 시간만 낭비하게 된다. 인생에서도 마찬가지이다. 자신의 제7식이 만들어낸 변계소집상에 속고 살아서는 안 된다.

그러므로 새끼줄을 새끼줄로 바르게 보아야 한다. 여기서 새끼줄이란 오온을 말한다. 오온을 오온으로 바로 보아야 한다. 오온을 나로 착각하는 것이 오온을 바로 보지 못하는 것이다. 오온을 나로 보는 것이 새끼줄을 뱀으로 오인하는 것이다. 새끼줄을 뱀으로 보는 순간 사달이 벌어지듯이 오온을 나로 보는 순간 인생에 있어 불행의 첫 단추가 끼워진다.

오온은 인연생기로 '자체의 성품'이 없다. 거기에는 '나'라는 것이 없다. 그러므로 전혀 집착할 것이 못 된다. 집착하지 말고 '있는 그대로' 쓰고 살면 된다.

이 오온을 중도의 눈으로 제대로 보고 대긍정의 삶을 열어가야 한다.

명상 수행,
'공_空하지 않은 것'에 눈을 돌리는 것

새끼줄을 새끼줄로 바르게 보는 데만 머물러서는 안 된다. 더 나아가 새끼줄을 만들어낸 근원인 마麻에도 눈을 돌릴 줄 알아야 한다.

오온을 만들어낸 보다 근원적인 것에 눈을 돌릴 줄 알아야 한다. 그것은 인연 따라 생멸하는 것이 아닌 불공不空이기 때문이다.

〈삼성의 비유〉

비유		삼성三性*		존재 형태
		해심밀경	능가경	
뱀	아我 – 법法	변계소집상	망계자성	제7식에 의해 분별된 것
새끼줄	견분 – 상분	의타기성	연기자성	인연생기한 것
마	제8식	원성실성	원성실성	공空하지 않은 것

이 불공不空을 밝힌 것이 상시교의 큰 의의이다. 하지만 제8식이 불공不空이라고 해서 그것을 어떤 실체라고 생각하고 나라고 집착해서는 안 된다.

*삼성三性은 유식불교에서 일체 존재의 모습을 세 가지로 분석한 것임.

아타나식阿陁那識(제8식)은 매우 깊고 미세해서 일체 종자種子가 폭포의 흐름과 같도다. 내가 어리석은 범부들에게는 말하지 않나니 그들이 제8식을 분별하여 '나'라고 집착할까 두렵도다.

「해심밀경」

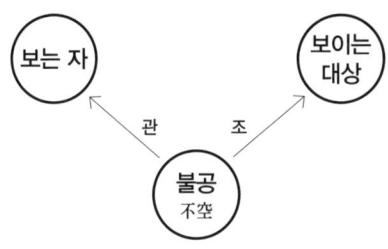

보다 근원적인 것, 즉 불공不空에 눈을 돌린다는 것은 견문각지 하는 인식주체인 '나'에 매몰되어 있는 것이 아니라 그것을 만들어내고 있는 것으로 중심을 이동하는 것이다.

'불공不空으로 중심을 이동한다는 것'은 무엇일까? 또렷이 깨어있어서 '내가 견문각지 한다는 것'을 매 순간 알아차리고 지켜보는 것이다. 명상 수행이란 이렇게 '관조자'가 됨으로써 불공不空으로 중심을 이동하는 것'이다.

4. 삶의 객체

삶이란 삶의 주체인 '나'가 삶의 대상인 '이 세상'에서 견문각지見聞覺知 하고 시청언동視聽言動 하는 것이다. 앞에서 우리는 삶의 주체인 나가 무엇인지 나는 존재하는지에 대해 살펴보았듯이, 이제는 삶의 대상인 '이 세상'이 무엇이며 '이 세상'은 과연 존재하는지에 대해 살펴보고자 한다. 우리는 '이 세상'이 우리의 바깥에 객관적인 실체로 엄연히 존재한다고 굳게 믿고 있다. 이 믿음은 과연 진실일까? 명상 수행은 이것을 밝혀줄 것이다.

이 세상은 실재하는가?

이 세상은 정말 존재하는가? 이 질문은 어리석은 질문처럼 들릴지 모른다. 하늘에는 해와 달이 있고, 땅에는 산천초목과 온갖 생명체들이 있는데, 이러한 무량무변한 일체 제법諸法이 엄연히 존재한다는 것을 부인할 수 없을 것이기 때문이다.

하지만 우리들의 눈에 보인다고 해서 그것이 존재한다고 할 수 있을까? 태양은 아침에 동쪽에서 떠서 저녁에 서쪽으로 지는 것으로 보인다. 이것이 진실인가? 초등학교 과학 시간만 되어도 이것이 진실이 아님이 밝혀진다. 우리가 견문각지 한 것이 그대로 진실이 아닐 수 있다는 열린 자세가 필요하다.

앞에서 이미 논의한 것처럼 인연종과 유상교는 일체 제법, 즉 이 세상 삼라만상이 객관적 실체로서 존재한다고 철석같이 믿고 있는 사람들을 위해 삼라만상이 있다는 전제 위에서, 어떤 것이 있고 어떻게 있게 되는지를 설명하고 해명한다.

불교에서 현상계에 존재하는 일체 제법을 분류하는 방식은 몇 가지가 있다.

첫째, 주관 세계와 객관 세계로 크게 양분하는 방식이다. 주관 세계인 마음을 '명名'이라 하고, 객관 세계인 물질을 '색色'이라고 한다. 이를 '명색론名色論'이라고 하는데, 명색론은 명名인 '나'가 있고, 색色인 '이 세상'이 존재한다고 보는 관점이다. 마음인 명名은 수受, 상想, 행行, 식識의 네 가지로 세분된다.

둘째, 주관 세계와 객관 세계를 각각 여섯 가지로 세분하는 방식이다. 주관 세계는 여섯 가지 감각기관인 6근六根으로 나누고, 객관 세계는 여섯 가지 감각기관 각각의 대상이 되는 여섯 가지 외부대상인 6경六境으로 나눈다. 이것을 '12처설十二處說'이라고 하는데, 12처설은 6근인 '나'가 있고, 6경인 '이 세상'이 존재한다고 보는 관점이다.

셋째, 6근과 6경을 묶어서 객관 세계로 하고, 6근과 6경 사이에서 발생하는 6식六識을 주관 세계로 분류하는 방식이다. 이를 '18계설十八界說'이라고 하는데, 18계설은 6식인 '나'가 있고, 6근과 6경인 '이 세상'이 존재한다고 보는 관점이다.

넷째, 일체 제법을 75가지로 더욱 세분하는 방식이다. 이를 '5위位 75법法'이라고 한다. 5위는 색법色法, 심법心法, 심소법心所法, 불상응행법不相應行法, 무위법無爲法을 말하며, 이 5위를 75가지로 세분한 것이 75법이다. 5위 75법 역시 '나'와 '이 세상'이 존재한다고 보는 관점이다.

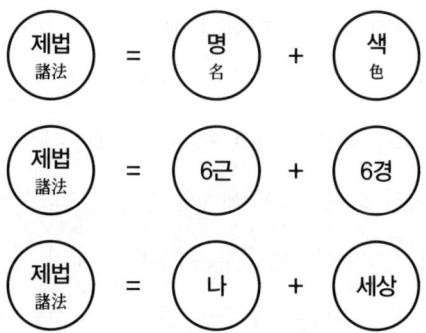

　이상은 '불교의 실체론'이라고 할 수 있는데, 이는 결국 물질적 존재인 '이 세상'이 그 자체로 독립적으로 존재하는 객관적 실재이며, 또한 그것을 인식하는 마음인 '나' 역시 그 자체로 독립적으로 존재하는 객관적 실재라고 보는 관점이다.

　이와 같이 '나'도 '이 세상'도 실재한다고 보는 것이 인연종과 유상교의 관점이다.

　그리고 이 세상 제법이 어떻게 생겨났고 어떻게 지금 이렇게 존재하고 있느냐에 대해서는 앞에서 이미 논의한 연기설로 설명한다.

　붉은 장미꽃을 예로 들면, 흙, 물, 햇볕에 의지해서 장미 나무가 있고, 장미 나무에 의지해서 붉은 장미꽃이 생겨난다. 앞에서 예로 든 것처럼 수레의 부품에 의지해서 수레가 생겨나고, 지수화풍 4대에 의지해서 사람의 몸이 생겨난다.

이 세상은 꿈과 같다 ①

 장미 나무는 스스로 존재하지 못하고 다른 것에 의지하여 존재한다. 흙, 물, 햇볕에 의지해야만 존재할 수 있다. 또한 뿌리, 줄기, 가지, 잎에 의지하여 존재한다. 뿌리, 줄기, 가지, 잎을 합한 것을 장미 나무라고 할 뿐이다.

 장미 나무에는 '장미 나무'가 없다. 장미 나무에는 그 자체로 변하지 않는 성품을 가진 것이 아무것도 없기 때문이다. 뿌리가 장미 나무인 것도 아니고, 줄기가 장미 나무인 것도 아니며, 잎이 장미 나무인 것도 아니다.

 이와 같이 다른 것에 의지하여 생겨나서 존재하는 것, 즉 인연생기인 것은 '이름'만 있지 '실체'는 없다. 장미 나무에 '장미 나무'라고 할 만한 '실체'는 없고, 장미 나무라는 빈 '이름'만 있을 뿐인 것과 같다.

 이렇게 '무자성無自性', 즉 '자체의 성품'이 없는 것을 과연 있다고 할 수 있을까? '스스로 존재'하지 못하고 '다른 것에 의지하여 존재'하는 것을 과연 '있다'고 할 수 있을까? '자체의 성품'이 없는 꿈이나 신기루와 다를 바 없는 것을 있다고 할 수 있을까?

꿈이나 신기루가 무자성이라서 실제로는 없는 것인 것처럼 이 세상 삼라만상 역시 연생緣生 아닌 것이 없어서 모두 무자성이므로 실제로는 존재하지 않는다는 것이 공시교가 서 있는 입장이다.

이 세상이 모두 꿈과 같이 공空하다. '공空하다'는 것은 부처님의 표현인데, '제2의 부처님'이라고 칭송받은 용수보살께서 공空을 '무자성無自性'이라고 해석하셨다.

이 세상 삼라만상이 꿈처럼 공하다는 것을 '법공法空'이라고 한다.

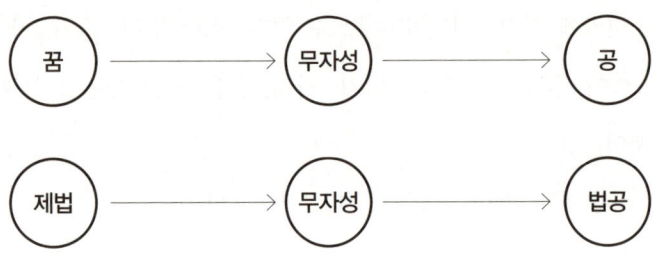

〈법의 유무와 내용〉

교판	법*의 유무	법의 내용
1. 인연종	있음	18계
2. 유상교	있음	5위 75법
3. 공시교	공함	법공

*법法은 불교에서 여러 의미로 쓰이는데 여기서는 대상 사물, 즉 이 세상 삼라만상을 뜻한다. 이 장에서 법은 모두 동일한 의미로 쓰인다.

이 세상은 꿈과 같다 ②

꿈속에서 생겨나는 것은 생겨나도 실제로는 생겨나는 것이 아니고[생즉무생生卽無生], 없어져도 실제로는 없어지는 것이 아니다[멸즉무멸滅卽無滅]. 이 세상 삼라만상도 모두 연생이므로 꿈처럼 자성이 없어서 생겨나도 실제로는 생겨났다고 할 수 없고, 없어져도 실제로는 없어졌다고 할 수 없다. 따라서 이 세상 모든 것은 꿈속의 일처럼 무생무멸無生無滅, 즉 '생겨나는 채로' 실제로는 생겨나는 것이 아니고, '없어지는 채로' 실제로는 없어지는 것이 아니다.

이것이 이 세상 삼라만상의 진실한 모습, 즉 '제법실상諸法實相'이 아닐 수 없다.

이 세상 모든 것이 겉보기에는 무엇이 생겨나는 것 같지만 실제로는 생겨나는 일이 없고, 겉보기에는 무슨 일이 일어나는 것[기起] 같지만 실제로는 일어나는 일이 없다면[무기無起], 이것은 이 세상 삼라만상이 마치 꿈이나 그림자처럼 전혀 '실다운 존재[실유實有]'가 아니라는 의미가 된다.

이 세상이 통째로 꿈처럼 '실다운 것'이 아니라니! 이것은 우리가 전혀 상상조차 못한 일이다. 그런 까닭에 공시교의 '법공法空의 도리'는 인류 문명사에서 획기적인 대사건으로 평가받고 있다.

이런 연유로 신라의 원효 대사께서는 교판을 하시면서 법공法空을 기준으로 사용하셨다. 원효 스님께서는 법공의 도리가 포함되지 않은 가르침(경전)을 '삼승별교三乘別敎'로 판석하고, 법공의 도리가 포함된 가르침(경전)을 삼승통교三乘通敎로 판석하셨다.

무생법인無生法忍이 구원의 길이다

불교가 '법상法相', 즉 '이 세상 삼라만상의 드러난 모습'에 대해 이렇게 깊이 분석해서 꿈과 같고 환영과 같다고 하는 것은 지적 호기심을 충족시키기 위해서가 아니다. 현실을 무시하고 회피하라고 하는 것은 더욱 아니다.

일체 제법이 꿈속의 일처럼 '허망한 것'이어서 전혀 집착할 것이 못 된다는 것을 밝히기 위해서이다. '존재론적 물질관'에 갇혀서 이 세상 만물에 지나치게 집착하고 있는 범부들의 '법집法執'을 떼어주기 위한 것이다. 따라서 공시교의 법공의 도리를 머리로 이해하는 것만으로는 실생활에 별 이득이 없으며 불교 수행에서도 진척을 이룰 수 없다.

지금 이렇게 견문각지 하는 모든 것들에 대해 집착을 끊을 수 있어야 한다. 견문각지 하는 것들을 '실제로 있는 것[실유實有]'이라고 인정하는 한, 즉 유종有宗의 관점에 매몰되어 있는 한 절대로 집착을 끊을 수 없으며, 집착하는 한 꼼짝 없이 그것에 갇혀서 좀처럼 헤어나지 못하게 된다.

그렇게 되면 감옥에 갇힌 자유 없는 죄수처럼 꼼짝달싹 못 하게 되고, 번민과 우비고뇌로 점철되는 범부의 삶으로 떨어지고 만다.

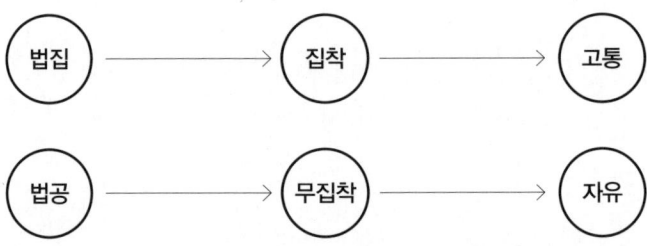

꿈속의 '모든 일'과 그것을 '보고 들음'은 꿈을 깨고 나면 모두 없다. 마찬가지로 현실의 '모든 일'과 그것을 '보고 들음'은 문득 잠이 들면 모두 없다. 그러므로 꿈속의 '모든 일'과 그것을 '보고 들음'이 '허망한 것'인 것처럼 현실의 '모든 일'과 그것을 '보고 들음' 역시 '허망한 것'이다.

따라서 현실의 '모든 일'과 그것을 '보고 들음'을 꿈속의 일처럼 전혀 '실다운 것이 아닌 것'으로 볼 줄 알아야 집착을 여의고 일체의 괴로움에서 벗어나 자유를 얻을 수 있다.

많은 사람이 삶에서 자유와 행복을 얻지 못하고 힘든 날들을 보내고 있다. 자신이 원하는 것이 성취되지 못하기 때문이다. 그들이 원하는 것을 가질 수 있도록 물질적인 지원을 하는 것은 분명히 도움이 된다. 하지만 그것이 근본적인 해결책은 되지 못한다. 부족함이 없어 보일 정도의 부와 소득을 가지고 있음에도 여전히 행복하지도 않고 마음의 자유도 누리지 못하는 사람들이 많기 때문이다.

이런 점에서 이 세상 일체 제법을 꿈속의 일이나 영화 스크린 속의 일처럼 전혀 실다운 것이 아니어서 '있는 그대로인 채로' 없는 것으로 볼 줄 아는 '무생법인無生法忍'을 깨우치는 것이야말로 참된 '구원의 길'이 아닐 수 없다. 부처님께서 '무생법인'을 설하신 진의도 바로 여기에 있을 것이다.

　무언가 생겨나지만 실제로는 생겨나는 것이 아니고[생즉무생生卽無生], 무언가 일어나지만 실제로는 일어나는 것이 아니며[기즉무기起卽無起], 무언가 없어지지만 실제로는 없어지는 것이 아닌[멸즉무멸滅卽無滅] 이 도리를 '무생법인'이라고 한다.

　'무생법인'이라는 이 엄청난 진실은 20세기에 들어 양자역학자들에 의해 과학적 방법을 통해 증명된 것은 잘 알려진 사실이다. 부처님께서는 2,500년 전에 과학적 방법을 통하지 않고서도 이 어마어마한 진리를 깨달으신 것이다.

잠들면 이 세상은 없다 ①

'법공의 도리'는 참으로 이해하기 어렵다. 그런데 법공을 보다 쉽게 이해할 수 있는 비유가 있다. 잠이 들어서 꿈도 없는 깊은 잠에 빠졌을 때를 생각해 보자. '나'도 없고 '이 세상'도 없다! 법공이다. 그런데 잠을 깨면 '나'도 나타나고 '이 세상'도 나타난다.

잠이 들면 사라지고 잠을 깨면 나타나는 것, 즉 있다가 없다가 하는 것을 '진정으로 있다'고 할 수 있을까? 잠든 상태에서 아무것도 없는 것이 진실일까, 아니면 깨어있는 상태에서 '나'도 있고 '이 세상'도 있는 것이 진실일까?

이 두 경우 중에서 우리는 '깨어있는 상태'를 중심으로 보기 때문에 '나와 이 세상이 실재한다는 편견'을 가지게 되는 것은 아닐까? '잠든 상태'를 중심으로 보면 법공이 진실이다. '나'도 없고 '이 세상'도 없기 때문이다.

이와 같이 이 세상은 우리가 잠을 깨서 마음, 즉 6식이 작용할 때 비로소 나타난다. 이 세상은 순전히 우리의 마음에 의지하여 존재하고, 마음과 동시에 생겨난다.

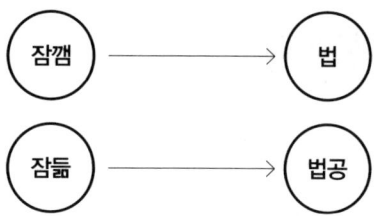

견문각지 하는 마음인 6식을 우리가 '나(= 보는 자)'라고 하므로 이 세상은 '나'가 생겨날 때 동시에 생겨나는 것이며, 결코 '나'와 무관하게 외부에 존재하는 객관적 실체는 아니다. 이것이 상시교相始教가 서 있는 입장이다.

세상의 모든 것은 모두 중생의 무명無明망심妄心에 의지해서 유지된다. 그래서 일체 제법은 거울 속의 영상처럼 실체가 없다. 오로지 마음이라 허망하나니, 마음이 생기면 갖가지 법이 생기고[심생즉종종법생心生則種種法生], 마음이 사라지면 갖가지 법이 사라지기[심멸즉종종법멸心滅則種種法滅] 때문이다.

마명 보살,「대승기신론」

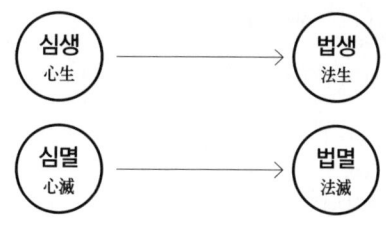

잠들면 이 세상은 없다 ②

상시교의 관점은 또한 장자의 '제물론齊物論'이 서 있는 입장이기도 하다.

> 천지는 나와 더불어 나란히 생겨난다[천지여아병생天地與我竝生].
>
> 장자, 「제물론」

불교의 상시교나 도교道教의 장자 제물론의 이러한 관점을 인도의 베다 경전에서는 '동시론同時論 Drishti-srishti Vada'이라고 한다. 동시론은 이 현상계는 '보는 자'와 동시에 나타난다는 것이다. '보는 자', 즉 마음이 나타남과 동시에 '보이는 대상'인 현상계가 나타나며, 마음이 사라지면 이 현상계도 사라진다는 것이다.

우리는 이 거대한 현상계가 우리들의 바깥에 그 스스로 존재하는 줄 알지만, 실은 이것이 우리의 마음에 의지하여 존재하는 한갓 마야 maya(= 환영)에 불과하다는 것이다.

이 얼마나 놀라운 가르침인가!

그런데도 우리들은 지혜가 여기에 이르지 못해서 다음과 같이 항변한다.

"어떻게 내가 지금 보고 있는 이 거대한 세상이 객관적 실체가 아닐 수 있는가? 이 세상은 인과법칙에 의해서 지배되는 객관적 실체이다. 우리가 보기 이전에 이미 이 세상은 여기에 존재하고 있다!"

이런 우리에게 인도의 베다 경전은 다음과 같이 '창조론Srishti-drishti Vada'을 말한다.

"그러니라. 브라만 신神이 이 세상 만물을 창조하였으며, 그래서 너희들이 그것을 보고 있느니라."

⟨현상계의 본질에 대한 베다의 관점⟩

관점	현상계의 존재 근거	설명 대상
1. 창조론	신의 창조	하근기
2. 동시론	마음과 동시에 나타남	중근기
3. 무인론	?	상근기

문득 잠들 듯 '한 생각'을 내려놓자

우리는 지금 '이 세상이 실재하는가?'라는 물음에 대해 이 세상이 마음에 의지하여 존재한다는 상시교의 관점을 살펴보고 있는 중이다.

붉은 장미를 예로 들면, 붉은 장미가 우리에게 자신이 붉은 장미라고 알려주는 것도 아니고, 자신이 있다고 알려주는 것도 아니다. 우리의 마음이 그것을 붉은 장미라고 '이름' 붙이고, 붉은 장미가 '있다'고 하는 것이다. 결코 붉은 장미가 우리들의 마음에 비집고 들어와서 "나는 붉은 장미예요. 나 여기 있어요!"라고 하는 것이 아니다.

이렇게 사람의 마음이 취하지 않으면 만물은 결코 스스로 존재할 수 없다. 이 세상 만물은 단지 마음의 느낌과 앎에 의해서 사람의 마음속에만 존재한다. 영화 스크린에 투영된 영상映像처럼 세상 만물도 사람의 마음에 투영된 영상에 지나지 않는다.

만물만이 아니라 만물의 '있음'과 '없음'조차도 스스로 존재하는 것이 아니라 사람의 마음에 의지해서 존재한다. 그런데도 우리는 세상 만물이 있다고 보면서 그 '있음'이 스스로 있는 것이 아니라, 마음의 분별에 의해서 비로소 '있는 것'이 된다는 것을 알지 못한다. '없음' 역시 스스로 없는 것이 아니라, 마음이 없다고 분별함으로써 비로소 '없는 것'이 된다.

> 일체법이 있다고 보지만 '있는 것'이 스스로 '있는 것'이 아니고 자기 마음이 분별함[자심계작自心計作]으로써 (비로소) '있는 것'이다. 일체법이 없다고 보지만 '없는 것'이 스스로 '없는 것'이 아니고 자기 마음이 분별함으로써 (비로소) '없는 것'이다.
>
> 달마 대사,「안심법문」

그런데도 우리는 이 세상 만물이 객관적 실체로서 존재한다는 실체론적 사고에 갇혀 있어서 이 진실을 받아들이지 못한다. 그 사고 역시 마음에 의지하여 있는 것이다. 마음에 대롱대롱 매달려 있는 허망한 '한 생각'에 불과한 것이다.

우리는 그 '한 생각'을 대단한 무엇인 양 꽉 붙잡고 집착한다. '있음'과 '없음'으로 정의되는 '존재의 장애[질애質碍]'라는 말뚝이 우리 마음에 깊이 뿌리박혀 있기 때문이다. 이 말뚝을 완전히 뽑아버리지 못하면 결코 '존재', 즉 이 세상 만물로부터 자유로울 수 없다.

우리의 '한 생각'은 그 무엇이든 대단한 어떤 실체가 아님을 간파해야 한다. 그러면 '한 생각'을 쉽게 내려놓을 수 있다.

문득 잠들 듯 '한 생각'을 내려놓자. 그러면 내면을 돌이켜볼 수 있다. '한 생각'을 내려놓고 내면을 돌이켜보면 거기엔 지복至福이 충만하여 기쁨이 넘쳐나고 있음을 알게 된다. 그로 인해 삶은 축복 그 자체가 된다.

'공하지 않은 것'에 눈을 돌리자

공시교가 법공을 설파하는 것은 지적 호기심을 충족시키기 위한 것이 아니라는 점을 앞에서 논의했다. 따라서 법공을 듣고 이 세상은 무엇 하나 의미 있는 것이 없다고 오해하고 허무주의에 빠져서는 안 된다.

이 세상 어느 것 하나 '자체의 성품'이 없는 '허망한 것'이어서 전혀 집착할 것이 못 된다는 것을 간파함으로써 대상 세계에 대한 집착에서 벗어나 초연할 수 있어야 한다. 이것이 온갖 괴로움에서 벗어날 수 있는 길이며, 법공의 참뜻이다.

> 일체의 중생은 망심妄心이 있음으로써 생각 생각마다 분별하여 모두 상응하지 못하므로 설說하여 공空이라고 한다. 만약 망심을 떠나면 실로 공空이라고 할 것도 없느니라.
>
> 마명 보살, 「대승기신론」

부처님께서 법공을 설說하신 보다 깊은 뜻은 우리가 대하는 이 세상이 공하다는 것을 드러내 보임으로써, 거기에 들러붙어 있는 마음을 거둬들여서[섭심攝心] '공하지 않은 것[불공不空]'으로 눈을 돌리게 하는 데 있다. 하지만 불공을 드러내는 역할은 공시교가 아닌 상시교가 맡고 있다.

이 세상은 스스로 존재하는 것이 아니라 '보는 자'(즉, 마음)에 의지하여 존재한다. '보는 자' 또한 그 스스로 존재하는 것이 아니며, 불공인 제8식에 의지하여 존재한다. 그러므로 '보이는 대상'인 이 세상과 '보는 자'인 마음이 모두 제8식의 '의타기성依他起性'이다.

일체 제법은 모두 제8식을 떠나 독자적으로 존재하는 것이 아니므로 이 세상 제법은 철저히 제8식에 의지하여 존재하는 '허망한 것', 즉 '가유假有'이다. 이 세상 제법은 제8식에 의지하여 존재하는 '허망한 것'이며, 제8식에 비친 그림자에 불과하다. 그러므로 제8식에 의지하여 있는 허망한 일체 제법에 집착할 것이 아니라 불공인 근원으로 회심할 줄 알아야 한다.

제8식은 그 모습을 드러낼 때 아我와 법法으로 변현變現하기 때문에 그 모습은 외적 대상처럼 나타난다. 그래서 제7식이 그것을 밖에 실제로 있는 나[실아實我]와 세상[실법實法]으로 오인하게 된다는 것을 앞에서 논의하였다.

제8식이 주객으로의 이원화 작용을 찰나 찰나마다 엄청나게 빠른 속도로 일으키기 때문에 나와 세상이 항상 존재하는 것으로 우리(제6식과 제7식)는 착각할 수밖에 없다. 지금 '필자가 원고를 쓰고 있다'고 인식하는 것(즉, 주객 분리)이 이미 제8식이 찰나찰나 이원화 작용을 하고 있다는 증거이며 동시에 그 결과이다. 지금 독자들이 '내가 책을 읽고 있다'고 인식하는 것 역시 마찬가지이다.

물결이 그대로 물이다

제8식이 주객으로 이원화한 것이 이 세상과 '보는 자'인 나라면, 그 제8식은 어디에 있는가? 이 세상과 나는 보이는데 제8식은 보이지 않으므로 어떻게 그것의 존재를 증명할 것인가? 요가 수행 과정에서 제8식의 존재를 스스로 체험한 '유가행파瑜伽行派' 수행자들과는 달리 우리에게는 참으로 어려운 일이 아닐 수 없다.

그래서 이를 쉽게 이해시키기 위해 앞서간 성인들이 '수파水波의 비유', 즉 물과 물결의 관계로 설명했다. 우리는 바닷물과 파도가 별개의 것인 양 생각하지만 파도가 그대로 바닷물이고, 바닷물이 그대로 파도이다. 아법我法과 제8식의 관계 역시 그렇다는 것이다.

이는 역학易學에서 '태극太極'이 음양陰陽으로 갈라졌지만, 태극이 음양과 별개의 것이 아니라고 설명하는 것과 같다. 음과 양이 따로 있는 것이 아니라, 태극이 음과 양으로 모습을 바꾼 것에 지나지 않는다는 것이다.

아법我法과 제8식도 마찬가지이다. 제8식이 아我와 법法으로 그 모습을 바꾸어 드러낸 것에 지나지 않는다. 그러므로 파도와 바닷물이 한 몸이듯이 아법我法도 제8식과 한 몸이다. 논리적으로는 이렇게 설명할 수 있지만, 이것을 체득하기까지는 많은 수행의 과정이 요구되는 것을 부인할 수 없을 것이다. 물론 상상上上 근기라면 곧바로 이 경지에 들 것이다.

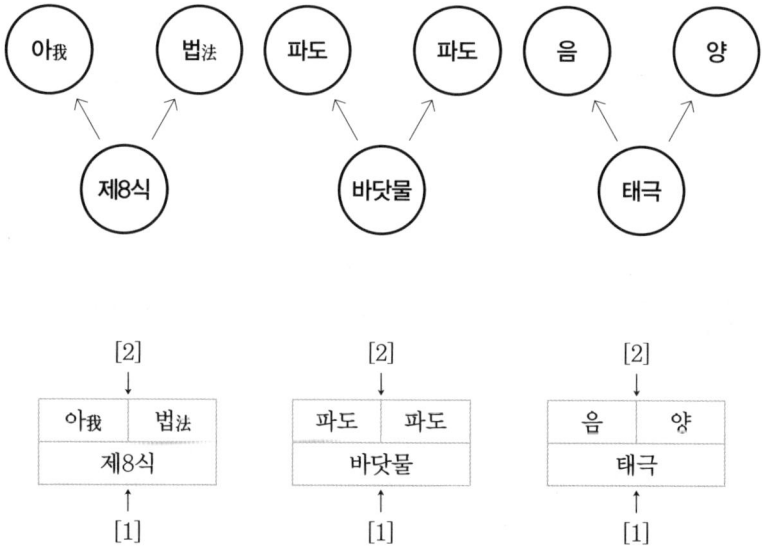

그림에서 [1]의 방향, 즉 바닷물의 자리에서 파도를 보면 파도도 바닷물이듯이 제8식의 자리에서 아我와 법法을 보면 아법我法이 그대로 제8식이다. 그러므로 바깥에 있는 아我와 법法은 실체가 없는 것이므로 '안에 있는 제8식'뿐이다.

'실로 바깥에 이 세상은 없으며, 오직 안에 식(제8식)이 있을 뿐이다 [실무외경實無外境, 유유내식唯有內識]'. '유식무경唯識無境', 즉 오직 (안에) 식이 있을 뿐 (바깥에) 외부대상은 없다.

이렇게 불공不共의 식識(제8식)을 드러내는 것이 상시교의 핵심 메시지이다.

또한 [2]의 방향, 즉 파도의 자리에서 보면 파도도 바닷물에서 생겨난 것이듯이 아我와 법法의 자리에서 제8식을 보면 아법我法은 제8식에서 생겨난 것이다. 따라서 파도가 바닷물과 더불어 한 몸이듯이 아我와 법法은 제8식과 더불어 한 몸이다.

> 천지는 나와 더불어 같은 뿌리요[천지여아동근天地與我同根],
> 만물은 나와 더불어 같은 몸이다[만물여아동체萬物與我同體].
>
> 승조 법사(중국 동진)

'있음'과 '없음'의
견고한 편견에서 벗어나자

　우리는 '나'가 객관적 실체로서 존재한다고 굳게 믿고 있다. '이 세상'도 객관적 실체로서 존재한다고 굳게 믿고 있다. 이렇게 어떤 '실체'가 있다고 보는 것을 '실체론實體論'이라고 한다. 우리는 은연중에 실체론적으로 생각하는 습관이 있다. 우리가 어떻게 보느냐와 상관없이, 즉 우리가 '있다'고 보든 '없다'고 보든 그것과 상관없이 우리의 바깥에 이 세상이 객관적 실체로서 존재한다고 생각한다.

　이렇게 우리는 사물을 그 자체로 '있다' 혹은 '없다' 하는 식으로 보는 데 길들여져 있다. 사물을 '있음'과 '없음'의 양극단으로 보는 견고한 존재론적 사고의 틀 안에 갇혀 있다. 우리는 나와 이 세상이 존재한다는 것을 당연하게 여기며, 나와 이 세상이 없다는 것은 전혀 받아들이지 못한다. 존재론적 사고에 갇혀 있기 때문이다.

　이러한 우리의 상식에 부응하여 일체 존재가 '있다'는 것을 인정하고 그것을 분석하고 설명한 것이 인연종과 유상교이다. 인연종과 유상교는 일체 존재가 '있다'고 보는 관점이므로 '유종有宗'이라고 부른다.

우리의 마음속에 뿌리 깊게 박혀 있는 이 유종(有宗)적인 관점을 뽑아버리지 못하는 한 우리는 대상 사물로부터 결코 자유로울 수 없다. 일체 존재가 '있다'고 인정하는 한, 목줄이 말뚝에 매여 있는 개처럼 꼼짝달싹 못 하게 된다. 우리들의 온갖 괴로움의 근원이 이 유종(有宗)적인 삶의 자세에 있음을 자각해야 한다.

공시교가 일체 존재는 꿈이나 환영과 같이 공하다고 설파하는 이유가 여기에 있다. 대상 사물에 대한 우리의 집착을 끊어서 대상 사물로 인한 괴로움에서 벗어나게 하기 위함이다.

공시교는 일체 존재가 '없다'고 보는 관점이므로 '공종(空宗)'이라고 부른다. 자신이 '존재론적 관점'에 갇혀서 '나와 이 세상이 존재한다'고 보고 그것에 집착하고 있음을 꿰뚫어 보아야 한다. 우리의 지혜가 짧아서 일체 존재가 객관적 실체로 존재한다고 생각하고 있을 뿐임을 간파해야 한다.

깊이 탐구해 보면 나도 이 세상도 모두 텅 비어 없다.

생각, 감정, 느낌은 '허망한 것'이다

우리는 외부의 대상 사물에 대해서도 존재론적, 즉 유종有宗적으로 대할 뿐만 아니라 우리 내부의 생각, 감정, 느낌에 대해서도 유종有宗적으로 대한다. 그로 인해 삶의 괴로움이 가중된다. 외부의 대상 사물에 대한 집착 이상으로 내부의 생각, 감정, 느낌 등의 심리 현상에 민감하게 반응하기 때문이다.

그래서 외부의 대상 사물로 인한 괴로움보다 내부의 생각, 감정, 느낌으로 인한 괴로움이 훨씬 크고 깊다.

현대의 심리학 역시 유종有宗의 관점에 서 있다. 사람의 생각, 감정, 느낌 등이 실제로 존재하는 것으로 인정하고, 그것을 분석하여 심리 상태를 완화하고 치유할 방법들을 모색하기 때문이다.

하지만 불교는 인간의 심리 현상을 다루는 데 있어서 일반인들이나 심리학의 관점과는 아주 다르다. 왜냐하면 생각, 감정, 느낌 등의 심리 현상의 실체성을 인정하지 않기 때문이다. 불교는 심리 현상을 꿈이나 허깨비처럼 전혀 실체가 없는 '허망한 것'으로 본다. 그러므로 불교는 애초에 그것에 집착할 필요가 없다고 강조한다.

우리가 생각, 감정, 느낌이 실체로서 존재한다고 인정하는 한 그것에서 헤어나기가 참으로 어렵다. 그 생각, 감정, 느낌이 '자신의 것'이라고 인정하거나 그 생각, 감정, 느낌이 곧 '자신'이라고 생각하면 그것의 노예가 되고 만다.

하지만 그것이 꿈이나 허깨비와 같이 실체가 없는 '허망한 것'임을 자각하는 순간, 상황은 완전히 달라진다. '없는 것'과 씨름한다는 것 자체가 어리석은 일임을 알게 되기 때문이다. 그것은 마치 꿈속에서 어떤 일로 씨름하며 괴로워하는 것과 같기 때문이다.

그뿐만 아니라 생각, 감정, 느낌의 주체인 '짓는 자[작자作者]'가 본래 없는데, 어떻게 생각, 감정, 느낌이 홀로 존재할 수 있겠는가?

이렇게 생각, 감정, 느낌이 공空할 뿐만 아니라, 생각을 '하는 자'도 본래 없고, 감정과 느낌을 '느끼는 자'도 본래 없음을 아는데, 어떻게 생각, 감정, 느낌으로 '걱정하고 괴로워하는 일'이 홀로 있을 수 있겠는가?

이와 같이 공종은 우리가 자신 내면의 생각, 감정, 느낌의 문제를 대하는 데 있어서 한 차원 높은 시각을 제공해 준다.

어떤 생각, 감정, 느낌이든 그것이 꿈속의 일처럼 '허망한 것'임을 꿰뚫어 볼 수 있다면, 도대체 걱정하고 불안하고 괴로워해야 할 일이 무엇이 있겠는가?

생각, 감정, 느낌을 짓는 '작용의 주체'도 생각, 감정, 느낌이라는 '작용'도 '걱정하고 괴로워하는 일'도 그 모든 게 공空하고 단지 '한 생각'으로 지어진 '허망한 것'임을 아는 그런 사람의 삶을 무엇이 파괴할 수 있겠는가?

구름이 흘러가고 있다.
그러나 그것은 뿌리도 없고 집도 없다
본질에 떠다니는 사념들도 이와 마찬가지다
본 자리로 돌아가게 되면 이 모든 차별은 지워지나니

갖가지 모양과 빛깔을 하고 구름장들이 본질의 하늘에 떠다니고 있다
그러나 본질은 그 모양과 빛깔에 물들지 않는다

이 모든 행위여,
울고 있는 이 천차만별이여,
본질로부터 떠오르는 물거품인 것을

틸로빠 Tilopa, 「마하무드라 Mahamudra의 노래」

명상 수행, '허망한 것'을 떨쳐낸다

　일체 존재는 사람의 마음에 의지하여 존재한다. 일체 존재는 마음이 일어남과 동시에 일어난다. 마음이 일어나지 않으면 일체 존재도 없다. 그러므로 일체 존재는 사람의 마음에 투영된 영상映像과 같은 것이다. 상시교는 일체 존재를 마치 영화 스크린에 투영된 영상과 같은 것(즉, 상相)으로 보기 때문에 '상종相宗'이라고 한다.

　'유종'은 대상 사물을 그것을 인식하는 사람의 인식과 무관하게 외부에 그 자체로 존재하는 객관적 실체로 보므로 '존재론적인 관점'이다. 반면 '상종'은 대상 사물이 외부에 그 자체로 존재하는 객관적 실체가 아니라 철저히 그것을 인식하는 사람의 마음에 의지하여 존재하는 것으로 보므로 '인식론적 관점'이다. 이러한 상종의 관점은 우리에게 대상 사물을 대하는 데 있어서 한 차원 높은 시각을 제공해 준다.

　유종은 대상 사물이 주主가 되고 사람은 종從이 되어 그것에 끌려다닐 수밖에 없는 존재로 전락하는 데 비해, 상종은 인식자인 사람이 주主가 되고 대상 사물은 인식자의 인식에 달려 있는 부속물에 지나지 않는 것이 되기 때문이다.

생각, 감정, 느낌 역시 우리들의 마음에 의지하여 존재한다. 마음이 인식하지 않으면 생각, 감정, 느낌도 없다. 그러므로 생각, 감정, 느낌도 마음에 비춰진 영상과 같아서 실체가 없는 '허망한 것'이다. 늦가을에 낙엽이 다 떨어지고 몇 개만 남은 나뭇잎이 나뭇가지에 대롱대롱 매달려 있는 것처럼 생각, 감정, 느낌도 마음에 대롱대롱 매달려 있는 것에 불과하다.

생각, 감정, 느낌은 마음에 의지하여 생겨났다 사라졌다 하는 '허망한 것'이다. 이 '허망한 것'을 무슨 대단한 것인 양 애지중지할 필요가 없음을 상종은 일깨워준다. 실체가 없는 영상과 같은 것을 가지고 이러쿵저러쿵하는 것 자체가 어리석은 일임을 상종은 일깨워준다. 문득 잠이 들어 마음 작용이 정지하면 일순간에 없어지는 '허망한 것' 때문에 울고불고할 이유가 전혀 없음을 상종은 일깨워준다.

"또 '한 생각'이 일어났군!", "또 '한 감정'이 일어났군!", "또 '한 생각'에 끌려가고 있군!", "또 '한 감정'에 끌려가고 있군!" 하고 자각하고, 옷에 묻은 먼지를 털 듯 털어버리면 끝나는 일이다.

생각, 감정, 느낌은 그 무엇이든 실체가 없어서 본래 '없는 것'과 마찬가지인데, 단지 사람의 마음이 그것을 취하기 때문에 마치 '있는 것'처럼 된다. 그러므로 모든 심리 현상은 '있는 그대로인 채로' 없는 것이다. 확 끓어오르는 화가 '일어난 그대로인 채로' 일어난 것이 없으며[기즉무기起卽無起], 화가 머리끝까지 꽉 차 '있는 그대로인 채로' 없는 것인 이 도리를 무생법인無生法忍이라 한다고 앞에서 논의했다.

이 무생법인은 우리가 대자유의 삶으로 나아가기 위해서 반드시 체득해야 할 진리가 아닐 수 없다.

어떤 일로 짜증이 확 일어날 때, 어떤 일로 불안감이 엄습할 때, 어떤 일로 극단적 선택을 하고 싶은 충동이 확 일어날 때, 그 순간 또렷이 깨어있어서 그것들이 일어났음을 자각하고, 일어난 그것들을 가만히 지켜보며, 그것들이 '일어난 채로 일어난 것이 없는[기즉무기起卽無起]' 줄 알아서 조용히 미소 지을 수 있다면, 그런 사람의 삶을 무엇이 파괴할 수 있겠는가?

〈심리 현상의 유무와 성격〉

교판		생각, 감정, 느낌		
		유무	성격	관점
1. 인연종	유종有宗	있음	인연생기	존재론적
2. 유상종				
3. 공시교	공종空宗	공함	꿈과 같은 것	실체론적
4. 상시교	상종相宗	허망함	식에 비친 영상	인식론적

아我와 법法의 존재 유무: 정리

〈아와 법의 유무 및 성격〉

교판		유무		성격
		아我	법法	
1. 인연종		있음	있음	인연생기
2. 유상종		없음	있음	
3. 공시교	대승시교	공함	공함	꿈과 같은 것
4. 상시교		오온 허망함	법法 허망함	식에 비친 영상
		제8식 있음	제8식 있음	공하지 않은 것

5. 삶과 명상

삶이란 우리의 생각과 말과 행동이 순간순간 나타나서 이루어지는 모습이다. 우리의 생각과 말과 행동에는 우리의 업業, 즉 경험, 가치, 느낌, 감정 등이 영향을 미친다. 자신의 업에 따른 생각·말·행동으로 인해 삶이 행복이 되기도 하고 불행이 되기도 한다. 따라서 자신의 업에 끌려다니지 않고 냉철할 수 있어야 한다. 명상 수행이 그것을 가능하게 한다.

삶의 불교적 이해

 우리는 여섯 가지 감각기관인 6근을 통해 대상 세계인 6경을 인식하고 경험한다. 대상 세계에 대한 인식인 6식을 바탕으로 생각하고 말하고 행동하게 된다. 대상 세계를 인식할 때 희로애구애오욕의 감정도 동시에 일어나며, 이 감정은 우리의 생각과 말과 행동에 영향을 미친다. 우리의 삶은 대상 세계에 대한 반응인 우리의 생각과 말과 행동으로 이루어진다.

 따라서 인간의 삶이란 대상 세계에 대한 인식주관의 반응인 생각과 말과 행동이 순간순간 나타나는 모습이라고 할 수 있다. 행동을 '신업身業'이라고 하고, 말을 '구업口業'이라고 하고, 생각을 '의업意業'이라고 한다. 그러므로 삶이란 '신구의身口意' '삼업三業'이 나타나는 모습이라고 할 수 있다.

인식주관인 6근이 '원인'이라면, 대상 세계인 6경은 '조건'이며, 6근과 6경의 상호작용으로 일어나는 6식은 '결과'라고 할 수 있다. 또한 6식과 동시에 일어나는 감정에 근거하여 생각하고 말하고 행동하므로 6식과 감정은 '원인'이고, 생각과 말과 행동은 '결과'가 된다. 이처럼 삶은 '연기緣起의 과정'임을 알 수 있다.

이러한 연기의 과정은 일회성으로 끝나지 않고, 결과가 다시 원인이나 조건이 되어 또 다른 결과를 낳는 과정이 끊임없이 이어진다. 그러므로 삶이란 끊임없이 이어지는 '연기緣起의 과정' 그 자체라고 할 수 있다.

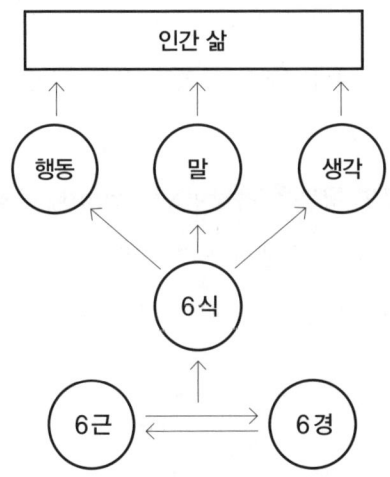

행복 공식

사람들이 삶에서 추구하는 것은 여러 가지가 있다. 그중에서 가장 크고 종국적인 것이 행복일 것이다. 그런데 행복이란 무엇일까?

행복에 대한 정의가 많이 있지만, '행복 공식'에 나타난 행복에 대한 정의는 크게 공감이 간다. '행복 공식'은 고대 서양에서 만들어진 것으로 알려져 있는데, 욕망이 분모이고 욕망 충족 수단인 자원이 분자이다. 이 공식에 따르면 행복은 '욕망이 충족된 상태'를 의미한다. 이는 행복에 대한 우리의 보편적인 생각과 부합한다. 우리는 자신의 욕망이 충족되었을 때 행복하다고 느끼기 때문이다.

$$행복 = \frac{자원}{욕망}$$

행복 공식에 따르면 자원이 많을수록 행복은 커지고, 반대로 욕망이 클수록 행복은 작아진다. 그런데 사람들의 행복추구 방식을 보면 대부분 분자인 자원을 많게 하는 데만 집중하고, 분모인 욕망에는 관심을 가지지 않는다. 그래서 열심히 일해서 자원의 하나인 돈은 많아지는데 행복은 별로 커지지 않는다. 돈이 많아짐에 따라 욕망도 함께 커지고 새로운 욕망이 생기기 때문이다.

대다수 사람은 일생을 통해 늘 욕망이 자원보다 큰 상황에 직면한다. 그로 인해 욕망 충족이 안 되어 언제나 삶이 불만족스럽게 느껴진다. 그러다 보니 행복 공식의 분자인 자원에 초점을 맞추고 자원을 늘리느라 평생을 수고롭다. 행복은 마치 신기루 같아서 쫓아가면 쉽게 잡을 수 있을 것 같은데 막상 가까이 왔다 싶으면 어느새 행복은 여전히 저 멀리 있다. 그래서 행복을 좇아 일생을 수고롭고 바쁘게 살지만, 행복을 손에 넣지 못한 채 살아간다.

그렇게 평생을 수고롭게 살면서도 더 효율적인 행복추구 방안이 있다는 것을 전혀 간파하지 못한다. 그런 점에서 행복 공식의 분모인 욕망에 초점을 맞추는 불교는 참으로 탁월한 통찰이 아닐 수 없다. 분자, 즉 돈을 많이 벌어서 행복해지는 방법은 참으로 수고롭고 시간도 많이 걸린다. 하지만 분모, 즉 욕망을 줄여서 행복해지는 방법은 마음 하나만 바꿔먹으면 되는 것이므로 아주 간단하고 시간도 걸리지 않는다.

<행복 추구 방법>

일반인	자원↑ → 행복↑	행복 = 자원/욕망
불교	욕망↓ → 행복↑	

부질없는 욕심을 부리지 말고 그냥 내려놓으면 된다. 부질없는 욕심을 내려놓고, 과거와 미래로 마음을 달리지 말고 '지금 여기' 이 순간의 이 삶에 만족하면 바로 행복해질 수 있다. 행복은 항상 '지금 여기'에 있다. 우리는 그걸 모르고 지금껏 다른 곳에서 행복을 찾아 헤매고 있다.

> 진정한 즐거움은 마음에 바라는 것이 없는 것이다. 무엇인가를 구하고 바라는 것이 있으면 바로 괴로움이다. 마음속에 바라고 원하는 것을 다 놓아버리면 즐거운 마음 그 가운데 있으리.
>
> 「잡아함경」

불교가 행복 공식의 분모인 욕망만 줄여서 행복해지는 삶을 살라고 하는 것은 당연히 아니다. 행복 공식 분자인 자원을 늘려서 행복해지는 적극적인 삶을 살아야 한다. 하지만 행복 공식의 분자의 증대를 통한 행복추구 방식만으로는 한계가 있다는 것을 불교의 통찰을 통해 알 수 있다.

분자인 자원을 늘려서 행복해지는 적극적인 삶을 사는 과정에서 순간순간 내면을 돌아봐서 부질없는 욕심에 끌려가지 않으면 현재 가지고 있는 자원의 수준에서도 항상 행복해질 수 있다.

행복 공식의 분자만이 아니라 분모도 동시에 고려할 때 우리는 라이프 사이클life cycle의 전 과정에서 언제나 행복을 누릴 수 있다.

욕망이 불행의 원인이다

사람들은 자신이 괴롭고 불행하다고 한탄하면서도 정작 그 원인이 자신의 욕망과 욕심에 있다는 것을 좀처럼 알아차리지 못한다. 자신의 욕망이나 본능은 주어진 것으로 당연히 충족되어야만 하는 것으로 여기기 때문이다. 그래서 욕망을 충족시켜서 행복해지려고 밖으로 내달리기만 할 뿐 내면은 전혀 돌아볼 줄 모른다.

> 무릇 모든 괴로움이 생기는 것은 모두 욕망 때문이다.
> 「잡아함경」

필자 역시 마찬가지였다. 수행의 길에 들어오고 나서도 한참 뒤에서야 나의 내면에 완강하게 자리 잡고 있는 욕심과 욕망과 본능이 온갖 사단의 원인임을 알게 되었다. 내면의 욕망이 바로 문제의 핵심임을 알았을 때 그 기쁨이 적지 않았다. 그러면서도 자신도 모르게 욕망을 좇아가는 자신을 발견하고 놀랐다. 마치 김유신 장군의 말이 습관적으로 주막으로 향하는 것과 같다.

김유신 장군이 말의 목을 과감히 친 것처럼 필자도 욕망에 끌려가는 자신을 용납하지 않으려 했다. 그러자 억눌린 욕망이 꿈으로 도망쳐 나타났다. 꿈에서조차 욕망을 용납하지 않는 자신을 보고, 꿈을 깬 후 스스로 대견해하기도 했다.

하지만 그런 꿈에서의 자기 통제도 한계가 있었다. 무너지기가 한두 번이 아니었다. 그럴 때면 인간에 내재된 욕망과 본능의 뿌리가 참으로 깊음을 절감하게 되어 나도 모르게 눈물이 흐르기도 했다.

> 나를 따라오너라. 내가 너에게 인간의 마음속 정글에서 울부짖는 욕망이라는 야수를 정복하는 법을 가르쳐 주리라.
> 요가난다, 「구도자 요가난다」

욕망이 불행의 원인인데도 우리는 오히려 욕망을 추구하여 거기에서 행복을 얻고자 한다. 그래서 우리 삶에는 불행이 필연적으로 내재할 수밖에 없는지도 모른다.

불교는 인간의 욕망을 크게 세 가지로 분류한다.

첫째, 감각기관의 대상에서 감각적 쾌락을 얻고자 하는 갈망인 욕애欲愛,

둘째, 어떤 대상이 영원히 존재하기를 바라는 갈망인 유애有愛,

셋째, 어떤 대상이 당장 없어져 존재하지 않기를 바라는 갈망인 무유애無有愛가 그것이다.

사람들은 이 욕망이 충족되면 행복하다고 생각하고, 충족되지 않으면 불행하다고 생각한다.

계율이 자신을 지킨다

우리는 내면에서 들끓어 오르는 욕망의 존재를 부끄러워하기보다 욕망의 포로가 되어 행동하기 일쑤이다. 그로 인해 다른 사람에게 피해를 주기도 하고 범죄에 해당하는 언행도 하게 된다. 이러한 욕망 충족에만 눈이 먼 언행은 다른 사람과 사회에도 해악이 될 뿐만 아니라, 결국에는 자기 자신을 불행으로 몰아넣고 나아가 자신을 파멸로 이끄는 근본 원인이 된다.

그런데도 이를 전혀 알아차리지 못하고, 자신의 불행의 원인을 바깥으로 돌리는 사람들을 흔히 보게 된다.

그래서 부처님께서 중생에 대한 한량없는 자비심에서 계율을 말씀하셨다. 부처님께서 성도 후 녹야원에 이르기 전에 상인인 제위提謂와 파리波利 형제를 위해 5계戒와 10선善의 가르침을 펴셨다. 욕망에 이끌려 언행言行하는 것이 아니라 욕망 추구에 제동을 거는 계율을 따르게 되면, 우선 다른 사람에게 해를 입히지 않게 되지만 종국에는 자신을 지키게 된다.

하나의 예로 '불살생계不殺生戒'를 지키지 않고 사람을 죽이게 되면 죽은 사람과 그의 가족에게도 씻을 수 없는 죄를 짓게 될 뿐만 아니라, 자신도 살인자로 전락하여 인생이 파멸의 길에 접어들게 된다. 다른 계율의 경우도 그것을 지키지 않아 유명 인사가 한순간에 불행의 나락으로 떨어지는 것을 뉴스를 통해 자주 보게 된다.

이처럼 계율은 우리의 언행을 규제하고 옥죄는 것이 아니라 오히려 자신을 지키는 호신용품과도 같이 귀중한 것임을 자각해야 한다. 동시에 계율을 지키는 소극적인 태도에서 한 걸음 더 나아가 10선을 행하는 삶을 살아야 한다. 그럴 때 우리의 삶이 행복한 삶으로 바뀔 수 있다는 것이 인연종이 우리에게 주는 교훈이다.

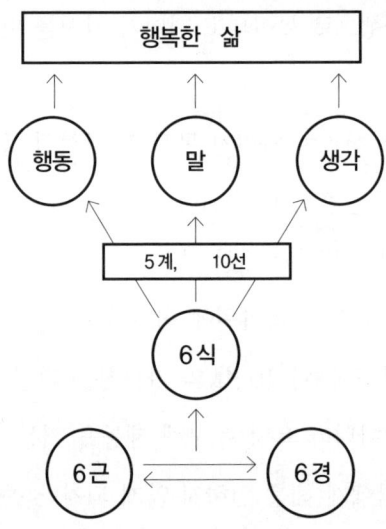

우리가 평소의 습관대로 생각하고 말하고 행동하면 우리의 삶은 괴로움과 불행으로 점철되기 쉽다. 대신 견문각지 하여 언행으로 옮기기 전에 '5계와 10선이라는 체'로 한 번 거르면 우리의 '신구의身口意' '삼업三業'이 한층 청정해져서 우리의 삶은 즐겁고 행복한 삶으로 전환된다.

  이 인간 세상, 즉 현상계는 철저히 인과因果의 원리가 지배하는 세계이다. 콩을 심으면 콩이 나고 팥을 심으면 팥이 나듯이 그 원인에 맞는 결과가 파생된다.

  인연종이 주목한 이 '인과법因果法'을 믿고 받아들여서 선업善業을 지어야 한다. 선善한 원인에는 선한 결과가 생기기 마련이므로 선행을 쌓으면 우리의 삶은 선한 결과인 행복한 삶이 될 수밖에 없다.

불교의 목적은 이고득락離苦得樂이다

　사람들이 살아가면서 겪는 괴로움과 불행은 그 양상이 너무나 다양해서 한마디로 정의하기 어렵다. 부처님께서는 "괴로움[고苦]이란 생·노·병·사의 괴로움, 원증회고, 애별리고, 구부득고, 오음성고를 말한다."라고 증일아함경에서 정의해 주셨다. 물론 사람들이 인생에서 겪는 괴로움은 이것에 한정되지 않는다.

인생 팔고八苦	①~④ 생로병사生老病死 : 태어나고, 늙고, 병들고, 죽는 괴로움 ⑤ 애별리고愛別離苦 : 좋아하는 대상과 이별하는 괴로움 ⑥ 원증회고怨憎會苦 : 좋아하지 않는 대상과 만나는 괴로움 ⑦ 구부득고求不得苦 : 원하는 것을 얻지 못하는 괴로움 ⑧ 오음성고五陰盛苦 : 오음에 탐욕과 집착이 치성한 괴로움

부처님께서 "나는 고苦와 고苦의 해결만을 가르친다."(아함경)라고 하셨을 정도로 모든 부처님은 중생들이 괴로움에서 벗어나 행복해지도록 하기 위해 이 세상에 출현하셨다.

인생에 고苦의 문제가 없었다면 모든 부처님들께서는 세상에 나오지 않았을 것이다.

「잡아함경」

이와 같이 불교의 목적은 괴로움에서 벗어나 행복을 얻는 데[이고득락離苦得樂] 있다.

'제2의 화살'을 맞지 말자 ①

괴로움은 어떻게 발생하는지 그 발생 과정을 '12연기+二緣起'의 지분으로 살펴보면 이해하기 쉽다.

〈12연기〉

무명無明[1] → 행行[2] → 식識[3] → 명색名色[4] → 육입六入[5] → 촉觸[6]
→ 수受[7] → 애愛[8] → 취取[9] → 유有[10] → 생生[11] → 노사老死[12]

인식주관인 6근(육입六入[5])이 대상 사물인 6경과 닿음[촉觸[6]]으로 해서 느낌[수受[7]]이 발생한다. 수受는 다섯 가지 감각기관이 대상 사물에 닿을 때 그것을 느끼는 것을 말하는데, 오감五感이 바로 그것이다. 수受는 크게 세 가지로 나눌 수 있다. 첫째, 낙수樂受, 즉 좋은 느낌이다. 둘째, 고수苦受, 즉 싫은 느낌이다. 셋째, 불락불고수不樂不苦受, 즉 좋지도 싫지도 않은 느낌이다.

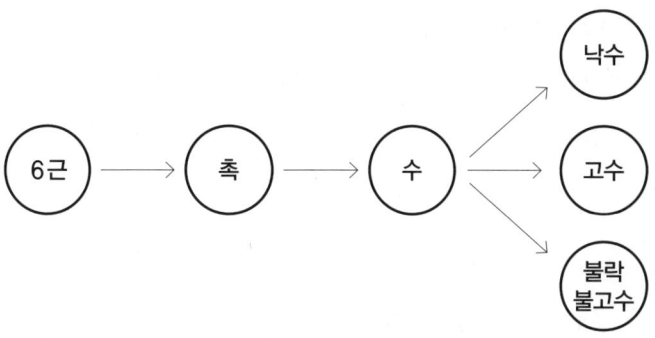

이 수受를 화살에 비유하여 '제1의 화살'이라고 한다. 이 수受는 범부나 성인이나 모두 같다. 예컨대 가시에 찔리면 그 싫은 아픈 느낌, 즉 고수苦受는 누구에게나 같다. 그러므로 성인도 '제1의 화살'은 맞는다.

이 세 가지 수受에 의해 애愛[8], 즉 욕망이 생긴다. 이 욕망은 앞에서 살펴본 것처럼 세 가지이다.

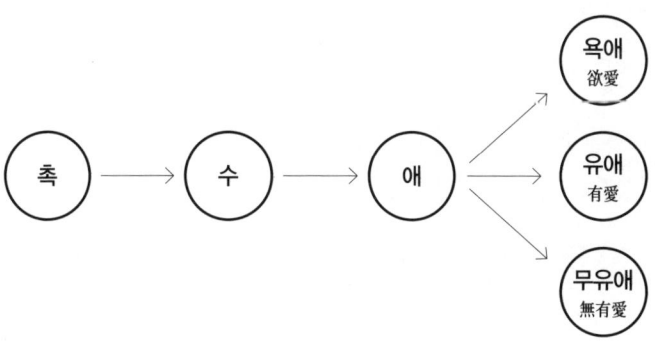

이 욕망에 대해 취取[9], 즉 집착이 일어난다. 그 집착이 욕망을 충족시키기 위한 신구의身口意 삼업으로 나타난 결과로 괴로움과 불행이 생기게 된다. 이와 같이 괴로움은 느낌[수受[7]]에 대해 욕망[애愛[8]]을 일으키고 집착[취取[9]]함으로 해서 생기게 된다.

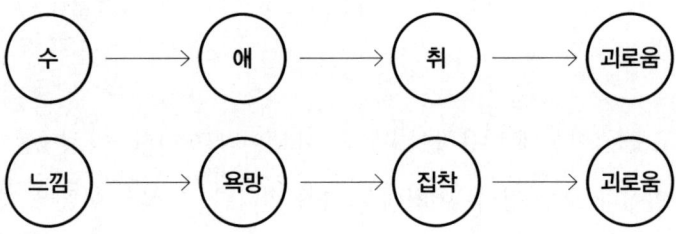

'제2의 화살'을 맞지 말자 ②

괴로움은 느낌[수受[7]]에 대해 욕망[애愛[8]]을 일으키고 집착[취取[9]]함으로써 일어난다는 것을 경전에서는 '화살의 비유'로 잘 보여주고 있다.

> 비구들이여, 범부들은 두 가지 느낌을 받는다. 몸으로 느끼고 마음으로 느낀다. 이는 마치 '제1의 화살'을 맞고 다시 '제2의 화살'을 맞는 것과 같다.
>
> 범부들은 아직 바른 법을 모르기 때문에 오욕을 통해 즐거움을 느끼면 그 즐거움에 집착하여 곧장 탐욕의 번뇌에 속박당하고 만다. 또 괴로움을 당하면 바로 화를 내고 짜증을 내기 때문에 괴로움의 수렁에 빠지게 된다. 그러나 이미 바른 법을 깨친 나의 제자들은 오직 한 가지의 느낌만 받는다. 즉, 이들은 몸으로는 느끼지만 마음으로는 느끼지 않는다. 이를 비유하면 '제1의 화살'은 맞지만 '제2의 화살'은 맞지 않는 것과 같다.
>
> 왜 그런가 하면 이들은 이미 바른 법을 알고 있어서 오욕을 통해 즐거움을 느끼더라도 집착하지 않기 때문에 그 마음이 조금도 흔

들리지 않고, 또 괴로움을 당하더라도 그 괴로움으로 인해 성내는 일이 없기 때문에 괴로워지지도 않고 교란되지도 않는다.

「잡아함경」

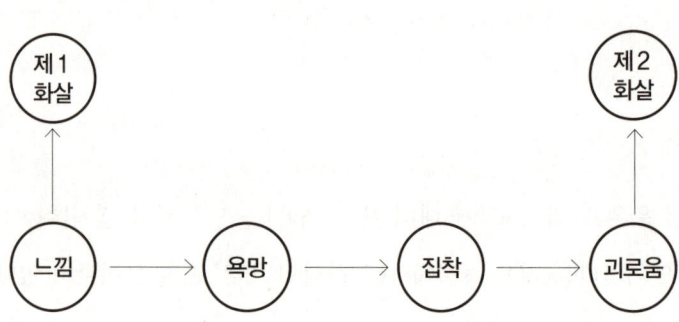

낙수나 고수는 '제1의 화살'이고, 갈애(욕망)와 집착으로 인한 괴로움은 '제2의 화살'이다. 성자는 낙수나 고수를 경험해도 갈애(욕망)의 작용을 부르지 않기 때문에 괴로움이라는 '제2의 화살'을 맞지 않지만, 범부들은 낙수와 고수에 대해 갈애의 작용을 일으켜 '제2의 화살(괴로움)'을 맞는다. 예컨대 큰 질병에 걸렸을 때의 고수(제1의 화살)는 성자에게나 범부에게나 같다. 그러나 성자는 고수에서 끝나지만, 범부는 무유애(갈애)의 작용을 일으켜 괴로움인 '제2의 화살'을 마저 맞는다.

<화살의 비유>

구분	제1의 화살	제2의 화살
범부	○	○
성인	○	×

큰 병이나 불치의 병에 걸린 경우, 그 질병 자체가 주는 신체적 통증보다 무유애無有愛로 인해 더 큰 괴로움이 된다. 즉, 질병이 당장 없어져 주기를 바라는데 현실은 그렇게 되지 않기 때문이다. 이런 경우 신병을 비관하여 자살하는 경우도 있는데, 이 자살 역시 무유애無有愛가 좌절되기 때문이다.

사람들은 죽으면 모든 것이 끝난다는 생각, 즉 '단견斷見'을 가진 경우가 많다. 이 단견으로 무유애無有愛가 더욱 강하게 작용하여 자살을 결행하게 된다.

이와 같이 삶이 괴로운 것으로 나타나는 것은 삶 자체가 괴로운 것이어서가 아니다. 우리가 욕망과 집착에 사로잡혀 '제2의 화살'을 맞기 때문에 삶이 괴로운 것으로 나타난다.

> 일체중생은 시작이 없는 세월로부터 모두가 무명이 훈습熏習한 연유로 마음이 생멸하여, 이미 일체의 신심身心의 큰 괴로움을 받았고, 현재에도 한량없는 핍박이 있으며, 미래의 괴로움 또한 한계가 없어 버리기도 어렵고 여의기도 어려움에도 그것을 깨달아 알지 못한다. 중생은 이와 같으므로 매우 불쌍히 여겨야 한다.
>
> 마명 보살, 「대승기신론」

watching! 또렷이 깨어서 지켜보자

'제2의 화살'을 맞지 않기 위해서는 낙수와 고수의 느낌을 받을 때, 또렷이 깨어있어서 그것을 지켜볼 수 있어야 한다. 그래서 낙수와 고수를 일으키는 대상 사물이 무상無常하여 실체가 없는 것임을 꿰뚫어 봐서 그것에 의미를 부여하지 않아야 한다.

그리고 낙수와 고수 또한 무상하여 실체가 없음을 간파하여 그것에 의미를 부여하지 않아야 한다. 그렇게 '수[7]'와 '애[8]' 사이에 차단막을 쳐야 한다.

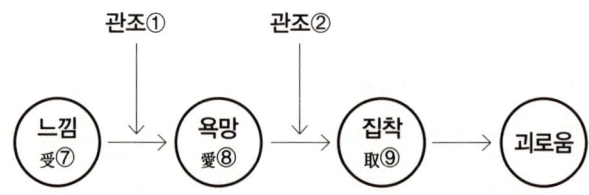

만약 이 방어선이 무너져서 '수⁷'에서 '애⁸'로 나아간다면, 다시 '애⁸'에서 그것을 지켜볼 수 있어야 한다. 그래서 '애⁸'가 '취⁹'로 나아가지 않도록 해야 한다. '애⁸'와 '취⁹' 사이에 차단막을 쳐야 한다. 이 '제2차 방어선'마저 무너지면 속절없이 대상 사물에 대한 집착으로 마음이 치달아 괴로움의 수렁으로 빠져들고 만다.

우리가 삶에서 괴로움과 불행의 화살을 맞지 않기 위해서는 무엇보다 자신의 오감五感과 욕망과 집착을 냉정하게 지켜볼 수 있어야 한다. 그것을 자신과 동일시해서는 안 된다. 그것과 자신을 분리하고, 뒤로 물러나서 그것을 지켜보아야 한다.

이렇게 항상 또렷이 깨어있어서 어떠한 상황에 처하더라도 자신의 내면을 지켜보는 것은 명상 수행의 핵심이다.

부처님께서 성도 후 녹야원으로 가서 다섯 비구에게 '사제팔정도四諦八正道'를 설하신 연유가 바로 여기에 있다. 어떤 상황에서도 또렷이 깨어 있어서 내면을 지켜보는 것, 즉 '정념正念'과 현상계의 모든 것이 실체가 없어 허망하고 무상한 것임을 간파하는 '정견正見'은 우리가 불행의 나락으로 떨어지는 것을 막아주기 때문이다.

<사제팔정도>

사제四諦	① 고제苦諦 : 일체가 고苦라는 진리 ② 집제集諦 : 고苦의 원인은 탐진치 삼독심이라는 진리 ③ 멸제滅諦 : 고苦를 없애면 열반에 이른다는 진리 ④ 도제道諦 : 고苦를 없애는 8가지 길
팔정도八正道	① 정견正見 : 바른 견해 ② 정사正思 : 바른 사고 ③ 정어正語 : 바른 말 ④ 정업正業 : 바른 행위 ⑤ 정명正命 : 바른 생활 ⑥ 정정진正精進 : 바른 노력 ⑦ 정념正念 : 바른 마음챙김 ⑧ 정정正定 : 바른 선정禪定

'수受'가 일어날 때, 그것을 알아차려서 그것을 지켜보자. 그리고 그것이 실체가 없어 허망하고 무상한 것임을 꿰뚫어 보자.

또한 '애愛'와 '취取'가 일어날 때, 그것이 실체가 없어 허망하고 무상한 것임을 꿰뚫어 보자.

그렇게 함으로써 자신의 삶을 불행으로 떨어뜨리는 신구의身口意 삼업을 막고, 행복을 가져다주는 신구의身口意 삼업으로 전환시킬 수 있다. 이것이 유상교가 우리에게 주는 교훈이다.

위파사나, 불교의 대표적인 명상 수행

'위파사나vipassana'는 부처님 당시부터 존재하던 불교의 대표적인 수행법이다. 현재 동남아 불교 국가들에서 행해지는 주된 수행법이다. 우리나라 불교에서는 소승의 수행법이라 하여 그동안 배척되었으나 최근 들어 동남아에서 수입되어 위파사나 명상센터가 전국적으로 설립되고 있고 위파사나 수행을 하는 사람들도 늘어나고 있는 추세이다.

위파사나는 신身, 수受, 심心, 법法 네 가지를 있는 그대로 관하는 '관법觀法'이다. 그래서 '사념처관四念處觀'이라고 한다. 이것은 팔정도의 핵심이라고 할 수 있는 정념正念에 해당한다. 매 순간 자신의 몸이 움직임, 느낌·감각의 움직임, 마음의 움직임, 오감五感과 생각·감정·욕망을 놓치지 않고 주시하고 관하는 것을 말한다.

사념처관 四念處觀	1. 신념처身念處 : 몸의 움직임을 알아차려서 지켜보는 것 2. 수념처受念處 : 느낌의 움직임을 알아차려서 지켜보는 것 3. 심념처心念處 : 마음의 움직임을 알아차려서 지켜보는 것 4. 법념처法念處 : 오감五感과 생각·감정·욕망을 지켜보는 것

위파사나 수행의 핵심은 사띠sati, 念에 있다. 위파사나는 신수심법身受心法의 사념처를 따라가며 한순간도 놓치지 않고 지속적으로 관하는 것, 즉 '수관隨觀'인데 사띠의 힘이 없이는 불가능하기 때문이다. 사띠는 영어로 mindfulness, awareness, attention 등으로 번역되는 것에서 알 수 있는 것처럼 어떤 것을 '마음을 다해 챙기는 것', '알아차리는 것', '마음을 집중해 주시하는 것' 등을 뜻한다. 사띠는 위파사나 수행뿐만 아니라 모든 수행의 기반을 이루는 매우 중요한 요소이다.

위파사나 수행을 '12연기'와 관련지어 보면, 앞에서 살펴본 것처럼 ⑥번 지분인 '촉'의 지점에서 몸의 감각과 그로 인한 마음의 움직임을 알아차리고, ⑦번 지분에서 '수'가 일어날 때 역시 느낌과 그로 인한 마음의 움직임을 알아차리는 것이다. 그리고 그 알아차림을 기반으로 하여 감각과 느낌, 그리고 그로 인한 마음과 생각이 모두 무상하고 실체가 없으며 괴로움의 원인이 된다는 것을 통찰하여 그것들을 좇아가지 않고 내버려 두는 것이다. 그렇게 함으로써 ⑧번 지분인 '애'로 발전되지 않도록 하는 것이다.

〈12연기〉

명색名色⁴ → 육입六入⁵ → 촉觸⁶ → 수受⁷ → 애愛⁸ → 취取⁹ → 유有¹⁰

⑦번 지분에서 차단막을 치지 못해서 ⑧번 지분인 '애'로 발전한 경우, ⑧번 지분에서 욕망과 그로 인한 마음의 움직임을 알아차리고 지켜봐서 ⑨번 지분인 '취'로 발전되지 않도록 하는 것이다. 그렇게 하면 괴로움이 발생하지 않으므로 괴로움에서 벗어나게 된다.

위파사나 명상 수행을 하면 다음과 같은 변화가 일어난다. 첫째, 자신의 신수심법身受心法뿐만 아니라 자신이 대면하는 대상 사물과 현상을 있는 그대로 냉철하게 바라볼 수 있게 된다. 그래서 어떤 현실이든 그것을 당당하게 대면할 수 있게 된다. 둘째, 위파사나 수행이 깊어짐에 따라 마음이 과거와 미래로 치닫지 않기 때문에 '지금 여기' 이 순간에 존재할 수 있게 된다. 셋째, 위파사나 수행이 깊어짐에 따라 마음에서 항상 기쁨이 일어나고, 몸과 마음이 편안해진다. 그로 인해 삶이 행복으로 바뀌게 된다.

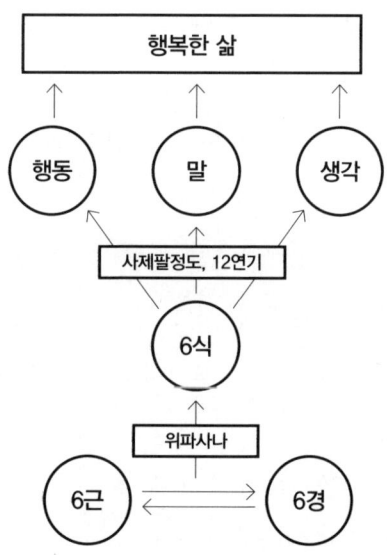

욕망의 어머니, 아상我相 ①

욕망인 욕애, 유애, 무유애를 들여다보면 그것은 결국 탐심貪心, 진심瞋心, 치심癡心이라는 것을 알 수 있다. 욕애는 감각적 쾌락을 '탐내는 마음(탐심)'이며, 무유애는 싫어하는 대상이 당장 없어지기를 바라는 마음으로 싫어하는 대상에 대한 '분노의 마음(진심)'이고, 유애는 본래 무상해서 영원할 수 없는 대상이 영원하기를 바라는 마음으로 '어리석은 마음(치심)'이다.

탐심, 진심, 치심을 불교에서는 '삼독심三毒心'이라고 부른다. 우리에게 해를 끼치는 독과 같은 세 가지 나쁜 마음이라는 뜻이다.

삼독심三毒心	
탐심貪心	= 욕애欲愛
진심瞋心	= 무유애無有愛
치심癡心	= 유애有愛

이 탐진치貪瞋癡 삼독심이 우리의 삶을 엉망으로 만들고, 우리의 일생을 쓸데없이 수고롭게 만들며, 우리를 패가망신의 나락으로 몰아넣기도 한다. 이 부질없는 탐진치 삼독심만 일어나지 않으면 우리는 항상

편안하고 즐거운 일상을 누릴 수 있다. 도대체 탐진치 삼독심은 왜 일어나는 것일까? 탐진치 삼독심의 근원은 무엇일까?

  사람들은 사실이 아닌 일로 자신을 흉보거나 음해하면 참지 못하고 화를 내며 따진다. 사실이 아니므로 굳이 화낼 일이 아닌데도 말이다. 사실이라 하더라도 화낼 일이 없다. 사실을 말한 것일 뿐이기 때문이다. 그런데도 대다수 사람은 참지 못한다. 여기에서 우리는 화(즉, 진심 瞋心)이 일어나는 근원을 알 수 있다.

삶	경찰에 연행되어 구치소에 갇힘		
↑	↑	↑	↑
삼업	혼내줘야겠다	험한 말	과격 행동
	생각	말	행동
↑	↑	↑	↑
제6식	흉봤다는 것을 앎		
↑	↑		
이식	흉봤다는 말을 들음		
↑	↑		
6근과 6경	6근 ↔ 6경		

  대다수 사람이 경험하듯이 필자도 사실이 아닌 일로 오해를 받거나 음해를 받은 경험이 있다. 그 내용이 다소 심한 경우도 있어서 주변의 가까운 분들이 왜 가만히 있느냐며 필자보다 더 화를 내기도 했다. 사실이 아닌 일로 다른 사람을 흉보면 자신의 인격만 더럽혀질 뿐이다.

가만히 있으면 다른 사람들이 그걸 사실로 믿게 되지 않겠느냐며 걱정도 했다. 필자를 아는 사람들이 사실이 아닌 일을 필자가 했다고 믿는다면 그건 필자가 인생을 잘못 살았다는 증거이므로 그것도 필자의 허물이다.

20대 때 불교 입문 후 조계종 종정을 지내신 청담 스님의 법어집을 읽을 때 거기에 아주 소중한 말씀이 있었다. 그 후 평생 가슴에 소중하게 새기고 있다.

청담 스님께서 젊은 시절 만주로 만행을 다니실 때 탁발을 위해 어느 마을에 들어섰다. 마을 입구에서 개들이 당신을 보고 몹시 짖어서 크게 반성하셨다고 한다. 개들이야 낯선 사람이 오면 짖는 게 당연한데, 스님께서는 "내가 수행이 얼마나 부족하면, 저 개들이 나를 도둑으로 보고 저렇게 짖는가?" 하고 당신 자신을 경책하셨다는 것이다. 보통 사람들 같으면 오히려 개들이 자신을 도둑으로 오해한다고 억울하다며 개를 탓했을 것이다.

흉을 보는 내용이 사실이든 아니든 사람들은 자신을 흉보는 것 자체를 참지 못한다. 왜 그런가? 사실이 아닌 경우, 사실이 아닌데 억울함을 당하는 '나'라는 것이 내면에 완강하게 자리 잡고 있기 때문이다. 사실인 경우에는 "감히 내 흉을 봐?" 하며 또 못 견디는 '나'라는 것이 내면에 완강하게 자리 잡고 있기 때문이다.

이 '나라는 것', '나라는 생각', '나라는 의식', 이것을 불교에서 '아상我相'이라고 한다. 분노, 즉 진심이 일어나는 근원이 바로 아상의 존재이다.

욕망의 어머니, 아상我相 ②

친구들과 술을 마시다가 한 친구가 먼저 잠들고, 나머지 친구들이 술을 마시며 잠든 친구의 흉을 본다고 해보자. 그러면 잠든 친구가 화를 내는가? 아니다. 잠들어 '나'가 없기 때문이다.

다음 날 잠을 깨면 제7식이 작용하므로 '나'가 생긴다. 이때 고자질하는 친구에게 이 얘기를 들으면 '나'가 억울함을 당했다고 분별해서 "내가 잠든 사이에 내 흉을 봐?" 하며 화를 낸다. 잠이 들어 '나'가 없을 때는 편안하던 사람이 잠에서 깨어나 '나'가 생기니까 사달이 벌어지는 것이다.

> 수보리야, 내가 옛날(전생)에 가리왕에게 신체를 베이고 찢기었으나 내가 그때 아상我相도 없고 인상人相도 없으며 중생상衆生相도 없고 수자상壽者相도 없었노라. 내가 그때 몸이 마디마디 끊어져 흩어질 때 만일 아상·인상·중생상·수자상이 있었으면 응당 분노와 원한을 내었으리라.
>
> 「금강경」

욕애(즉, 탐심)도 마찬가지이다. 감각적 쾌락을 갈망하는 주체, 즉 '나'가 없으면 어떻게 탐심이 홀로 있겠는가? 따라서 감각적 쾌락을 얻고자 갈망하는 내면의 '나라는 것'이 탐심이 일어나는 근원임을 알 수 있다.

잡아함경에서 "내가 존재한다는 생각[아상我相]이 모든 욕망을 낳는 욕망의 어머니"라고 한 그대로이다. 아상은 욕망을 낳고, 욕망으로 집착이 생기며, 집착하는 데서 일체의 괴로움이 생긴다.

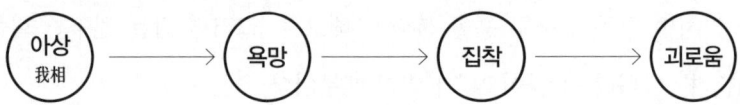

우리는 앞에서 유상교가 나라는 실체가 없음을 세밀히 밝히고, 공시교 역시 나는 꿈같이 공한 것이라고 밝히며, 상시교도 나라는 것은 '변계소집상'(즉, 관념의 소산)에 불과하다는 것을 밝히고 있음을 살펴보았다.

불교가 이렇게 '나는 없다'고 하는 이유가 바로 '나'가 우리를 괴로움과 불행의 구렁텅이로 몰아넣는 원흉이기 때문이다.

그런데도 우리는 그걸 모르고, 그 '나라는 놈'의 꼭두각시가 되어 욕망으로 치달아서 괴로움의 수렁으로 스스로 빠지고 만다. 뉴스라는 것이 온통 이 사례들을 보여주는 것이라고 하면 표현이 과할까?

일흔 번씩 일곱 번을 용서하라!

'몸과 마음'의 어디를 찾아봐도 나라고 할 만한 게 없음을 간파한 사람, '몸과 마음'인 이 오온이 텅 비어 꿈같이 공함을 꿰뚫어 보는 사람, 나라는 것이 순전히 '한 생각'에서 나온 '허망한 것'임을 통찰한 사람, 즉 아상이 없는 사람에게 사실이 아닌 일로 흉을 보거나 음해하면 그 사람의 반응은 어떨까?

이 질문은 잠든 사람이나 목석에게 흉을 보면 어떻게 되겠느냐고 묻는 것과 같다. 잠든 사람이나 목석은 나라는 것이 없다. 그래서 흉을 보더라도 화가 나지 않으니 아무런 반응이 없다. 이런 아상이 없는 경지에 이른 분을 우리는 '보살菩薩'이라고 공경한다.

> 수보리야. 만약 보살이 아상我相, 인상人相, 중생상衆生相, 수자상壽者相이 있으면 곧 보살이 아니니라.
>
> 「금강경」

그분은 목석이 아니므로 당연히 반응을 보인다. 그분은 속으로는 화가 나서 부글부글 끓는데 겉으로만 태연한 척하는 것이 아니라 '기꺼이' 참는다. 더 나아가 오히려 연민의 마음을 가진다. 흉보는 사람은 어리석어서 스스로 자신의 인격을 더럽히고 악업을 짓고 있기 때문이다. 그래서 저 사람을 어떻게 바른길로 인도할까 하고 고민하신다. 사무량심四無量心이 절로 일어나는 까닭이다.

군자인 척하기 위해 '억지로' 참는 것이 아니라 연민의 정이 일어나 '기꺼이' 참는 이런 보살의 행行을 '인욕바라밀'이라고 한다. 수행자의 의무로 계율을 지키는 것을 '지계持戒'라고 한다면, 즐거운 마음으로 '기꺼이' 계율을 지키는 것을 '지계바라밀'이라고 한다.

바라밀波羅蜜이란 바로 보살의 신구의身口意 삼업이라고 할 수 있다. 이러한 바라밀의 결과, 보살의 삶은 고결하고 아름다우며 행복한 것일 수밖에 없다.

> 그때 베드로가 나와 가로되, "주여, 형제가 내게 죄를 범하면 몇 번이나 용서하여 주리까? 일곱 번까지 하오리까?" 예수께서 가라사대, "네게 이르노니 일곱 번뿐 아니라 일흔 번씩 일곱 번이라도 할지니라."
>
> 「신약 성경」 마태복음

〈육바라밀六波羅蜜〉

1. 보시布施바라밀	기꺼이 재시財施, 법시法施, 무외시無畏施를 하는 것
2. 지계持戒바라밀	기꺼이 계율을 잘 지켜 악을 막고 선을 행하는 것
3. 인욕忍辱바라밀	기꺼이 온갖 모욕이나 번뇌를 참아 어려움을 극복하는 것
4. 정진精進바라밀	기꺼이 순일하고 물들지 않는 마음으로 항상 부지런히 닦아나가는 것
5. 선정禪定바라밀	기꺼이 마음을 고요하게 하고 깨어있는 것
6. 반야般若바라밀	기꺼이 사물의 자명한 이치를 밝게 꿰뚫어 보는 것

〈행복의 도구〉

교판	행복의 도구
1. 인연종	5계, 10선
2. 유상교	사제팔정도, 12연기
3. 공시교	공空, 육바라밀

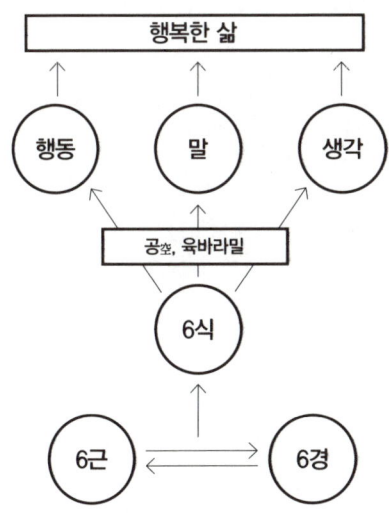

6. 만법유식

삶이 그대를 속일지라도
슬퍼하거나 노하지 말라
설움의 날을 참고 견디면
기쁨의 날이 오고야 말리니

― 푸시킨 ―

정말 "삶이 그대를 속이는" 것일까? 우리는 그렇다고 생각한다. 그렇지 않다. 이것을 깨달을 때 우리는 자유의 삶을 누릴 수 있다.

단지 마음의 분별일 뿐이다

우리는 꽃을 보면 아름답다고 말한다. 꽃은 왜 아름다울까? 그 원인이 꽃 자체에 있다고 생각하기 쉽다. 하지만 조금만 더 자세히 살펴보면 그렇지 않다는 것을 알게 된다.

꽃 자체에 아름다움이 있다면 꽃은 언제 어디서나 아름다워야 한다. 그런데 동일한 꽃이라도 때와 장소와 상황에 따라 아름답게 느껴지기도 하고 전혀 그렇지 않기도 하다. 자신에게 큰 근심이 있을 때나 가까운 사람이 운명하였을 때 꽃은 전혀 아름답게 느껴지지 않는다.

따라서 꽃이 아름다운 것은 때와 장소와 상황에 따라 마음이 '아름다운 것'으로 분별하였기 때문임을 알 수 있다. 꽃은 결코 스스로 아름답다고 말하지 않는다. 우리 인간이 그렇게 생각하는 것일 뿐이다.

이와 같이 '모든 것은 단지 마음이 분별하여 그렇게 생각하는 것일 뿐인 것'을 불교에서는 '만법유식萬法唯識'이라고 한다.

〈꽃〉

김춘수

내가 그의 이름을 불러주기 전에는
그는 다만
하나의 몸짓에 지나지 않았다.

내가 그의 이름을 불러주었을 때
그는 나에게로 와서
꽃이 되었다.

세 가지 세상이 오직 (마음의) 분별일 뿐이며[삼유유분별三有唯分別] (마음) 밖의 모든 것은 모두 (실제로) 존재하는 것이 아니라 망상妄想이 갖가지로 나타난 것에 불과한데 범부가 어리석어 (그것을) 능히 알지 못하느니라.

「능엄경」

단지 그렇게 생각하는 것일 뿐이다

힌두교를 믿는 인도에서는 소가 숭배의 대상이다. 소들이 길거리를 활보해도 아무도 불평하지 않는다. 통행에 지장을 주며 길에 앉아 있어도 불평은커녕 그 앞에 꽃을 바친다.

힌두교인들은 왜 소를 숭배하는 것일까?

소들이 자신들을 숭배해 달라고 하는 것일까? 당연히 아니다. 힌두교인들이 자신의 종교적 신념에 따라 스스로 소를 숭배해야 한다고 '분별하는 것일 뿐'이다. 소는 숭배의 대상인 것도 아니고, 아닌 것도 아니다. 단지 힌두교인들이 스스로 '그렇게 생각하는 것일 뿐'이다. 그와 같이 일체가 마음의 분별일 뿐이다. 만법이 유식인 것이다.

아프가니스탄에서는 여성들이 외출할 때 부르카를 착용한다. 부르카는 온몸을 가릴 뿐만 아니라 눈이 있는 부분도 그물로 되어 있어 눈도 가려진다. 우리들의 시각으로 볼 때 여성의 인권을 철저히 침해하는 복장이 아닐 수 없다. 그런데도 아프가니스탄 여성들은 전혀 불평 없이 부르카를 입고 외출한다.

아프가니스탄에서는 사람들이 왜 여성들은 부르카를 착용하는 것이 옳은 것이라고 하는 걸까?

이슬람교의 율법에 따라 여성은 부르카를 착용하여 온몸을 가려야 한다고 그들 스스로 분별하여 옳다고 하는 것일 뿐이다. 단지 그렇게 '생각하는 것일 뿐'이다. 부르카 자체나 여성 신체 자체에 선악이 붙어 있는 것이 아니다. 만법이 유식인 것이다.

> 그러므로 알아라. 일체의 선악善惡은 모두 자기 마음(의 분별)에서 비롯된다.
>
> 달마 대사, 「달마관심론」

> 죄罪는 자체의 성품이 없으며 마음(의 분별)을 따라 일어나나니 마음(의 분별)이 사라지면 죄도 역시 없어진다. 죄도 잊고 마음(의 분별)도 사라져 (죄와 마음이) 함께 공空해지면 이것을 이름하여 참된 참회懺悔라고 한다.
>
> 「천수경」

오직 '한 생각'에 달려 있다

'나'라는 것도 '이 세상'이라는 것도 모두 '자체의 성품'이 없어서 전혀 '실다운 것'이 아니다. 길가의 돌멩이가 스스로 자신은 '돌멩이'라고 한 적이 없듯이, 이 몸뚱이도 스스로 '나'라고 한 적이 없다. 단지 사람의 마음이 분별해서 '나'니 '이 세상'이니 '돌멩이'니 하는 것일 뿐이다. 문득 잠이 들어 분별이 사라지면 나도 이 세상도 돌멩이도 없다. 이렇게 단지 미혹한 마음의 분별로 인해 나도 이 세상도 돌멩이도 있게 되는 것이다.

마음을 떠나서는 어떤 것도 존재하지 않는 것이 진실이다. 모든 것이 오직 마음의 분별일 뿐이다. 만법이 유식인 것이다.

남을 흉보는 사람은 단지 자신이 남을 그렇게 생각하는 것일 뿐이다. 그걸 듣고 노발대발하는 사람도 마찬가지이다. '저 사람이 날 헐뜯었다', '저 사람이 내 명예를 훼손했다', '내가 억울함을 당했다'고 분별하여 그렇게 생각하는 것일 뿐이다. 문득 잠이 들어 '제6식과 제7식'의 작용이 멈추면 아무 일도 없다.

'저 사람이 날 오해하는구나. 앞으로 처신에 조심해야겠구나.' 하고 자신을 돌아보는 기회로 삼고, 억울하다는 '한 생각'만 내려놓으면 끝난다. 모든 게 오직 '한 생각'에 달려 있을 뿐이기 때문이다.

'한 생각'만 바꿔먹으면 모든 게 변해 버린다! 간단하다. 실천하기가 어려워서 그렇지, 원리는 간단하다. 이 진리를 깨달아서 삶을 종횡무진 자유롭게 구가謳歌하는 지혜가 필요하다.

선지식아, 범부가 곧 부처님이며, 번뇌가 곧 보리니라. 앞생각이 미혹하면 곧 범부요, 뒷생각이 깨달으면 곧 부처니라. 앞생각이 경계에 집착하면 곧 번뇌고, 뒷생각이 경계를 여의면 곧 보리니라.

혜능 대사(6조), 「육조단경」

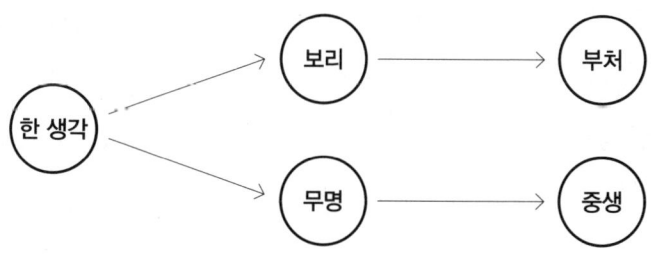

구름이 태양을 가리고 있다

　카스트 제도의 관습이 뿌리 깊이 내려 있는 인도에서는 오늘날에도 사람들이 불가촉천민은 태어날 때부터 비천한 사람이라고 생각한다. 그렇게 낙인찍힌 천민들도 스스로 자신들은 태어날 때부터 천한 존재라고 생각한다. 참으로 어이없고 안타까운 일이 아닐 수 없다.

　이 모든 것은 만법유식일 뿐이다. 불가촉천민들은 본래 천민인 것도 아니고, 천민이 아닌 것도 아니다. 단지 낙인찍는 사람들이 마음의 분별로 그들을 천민이라고 생각하는 것일 뿐이며, 또한 낙인찍힌 천민들 역시 마음의 분별로 스스로 천민이라고 생각하는 것일 뿐이다.

　그들은 왜 그렇게 생각하는 것일까?

　현재 우리나라에서 태어나고 자란 사람들은 전혀 그렇지 않다. 물론 신분 차별을 없앤 갑오개혁(1894년) 이전에 태어나고 자란 사람들은 인간의 신분이 태어나면서 결정된다고 생각했다. 이를 통해 보면 사람들이 태어나서 성장해 가는 동안에 겪고 경험하면서 형성된 가치관이나 생각들 그리고 관점들 때문에 그렇게 됨을 알 수 있다.

사람이 살아가면서 형성된 가치, 생각, 관점들을 불교에서는 '업식業識'이라고 한다. 이러한 업식은 진리에 밝지 못해서 형성된 것이므로 '무명無明'이라고 한다. 무명이란 '밝음[명明]', 즉 진리가 없다는 뜻이다. 마치 구름이 태양을 가려서 어두운 것과 같다.

따라서 사람마다 자신이 익힌 업식에 의해 마음이 분별해서 어떤 사람은 자신이 귀족이고 저 사람은 천민이라고 생각하고, 또 다른 사람은 자신은 천민이고 저 사람은 귀족이라고 생각하게 됨을 알 수 있다. 즉, 만법유식의 원인이 '무명無明 업식業識'에 있음을 알 수 있다.

늑대 인간 카말라도 끝내 자신이 인간임을 이해하지 못하고 죽었다. 카말라가 자신이 인간이라고 생각하지 못한 것은 늑대 무리에서 성장하면서 형성된 '나는 늑대이다'라는 생각과 믿음, 즉 업식 때문이다. 이 업식에 따라 자신은 늑대라고 철석같이 믿는다.

무명 업식의 구름이 온 하늘을 뒤덮은 바람에 자신이 인간이라는 진리의 태양을 보지 못하는 것이다. 비록 늑대 무리에 살고 있어도 변함없는 인간인데 그것을 모르고 늑대로 산 것이다. 참으로 안타까운 일이 아닐 수 없다.

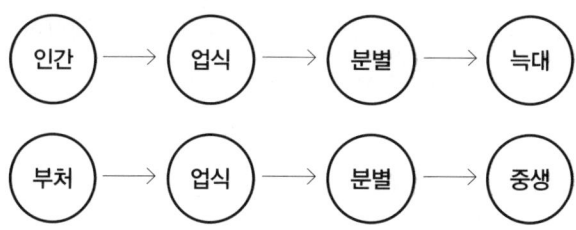

그러면 우리 인간은 어떤가? 늘 성인들이 출현하셔서 "그대는 못난 중생이 아니라 본래부처이니라."라고 가르쳐 주어도 예나 지금이나 그것을 믿지 못한다. 자신은 못난 중생이지 절대로 부처일 수 없다고 생각한다.

왜 그럴까? 너무나 오랫동안 중생이라고 생각하며 살아와서, 그로 인해 형성된 무명 업식을 떨쳐내지 못하기 때문이다. 무명 업식의 구름이 진리라는 태양을 가리고 있는 탓이다.

> 태양은 그 자체가 원만하여 천지를 비출 수 있지만 구름이 끼어 있으면 드러나지 못하는 것처럼, 모든 사람들이 갖추고 있는 불성佛性도 그와 같이 무명과 욕망의 검은 구름이 덮여있는 까닭으로 드러나지 못하느니라.
>
> 「십지경」

늑대 인간이 자신은 늑대라고 생각하더라도 그는 늑대가 아니라 인간이듯이, 사람들이 자신은 중생이라고 생각하더라도 그들은 변함없는 '본래부처'인 것이 진실이다. 그런데도 늑대 인간이 자신을 늑대라고 생각하고 늑대 짓을 하듯이, 우리는 자신을 중생이라고 생각하고 못난 중생 짓만 한다. 그 모든 것이 무명 업식에 따른 분별 때문이다.

청산은 나를 보고 말없이 살라 하고

고려 말 신진사대부들이 이성계 장군을 왕으로 추대하여 새 왕조를 열려고 왕사로 모실 고승을 찾아 나섰다. 그들은 어떤 스님이 왕사의 자격을 갖춘 고승인지를 가려낼 질문을 만들었다.

무엇이 최초의 부처입니까?

전국 방방곡곡을 다니며 고승을 찾았으나 마땅한 답을 하는 스님을 만나지 못하였다. 그러던 중에 강원도 오대산에 이르러 산속에 고승이 계신다는 말을 듣고 찾아가 질문을 던졌다. 다음과 같은 답이 돌아왔다.

별 셋 아래 반달이니라[삼성하반월三星下半月]!

사대부들이 답을 듣고 깜짝 놀라 고승임을 직감하였다. 그분이 바로 나옹 화상이시다. 나옹 화상께서 지으신 유명한 시가 있다.

청산은 나를 보고 말없이 살라 하고,
창공은 나를 보고 티없이 살라 하네.
탐욕도 벗어 놓고 성냄도 벗어 놓고,
물같이 바람같이 살다가 가라 하네.

나옹 화상의 이 시를 '만법유식'의 관점에서 평가해 보면 어떨까? 허물이 있을까 없을까?

부처님 눈에는 부처님만 보입니다

사대부들이 나옹 스님을 찾아뵈었을 때 스님께서는 저녁에 군불을 때고 나서 잔불에 고구마를 구워 드시고 계셨다. 사대부들이 스님을 이성계 장군의 왕사로 모시고자 한다고 말씀드렸다.

그 말을 들은 스님께서 "궁궐에 가면 이렇게 고구마를 구워 먹을 수 있소?" 하고 물으셨다. 그러자 사대부들은 "궁궐에 가시면 고구마를 구워 드시는 이런 일은 하지 않으셔도 됩니다."라고 정중하고 의기양양하게 답하였다. 이에 스님께서는 "그래요…… 그럼, 고구마 구워 먹는 낙도 없는 궁궐에는 나는 가지 않겠소."라고 말씀하셨다.

참으로 고승다운 면모가 아닐 수 없다.

> 공자님께서 말씀하시기를, 나물밥을 먹고 물을 마시고, 팔을 구부려서 그것을 베고 자더라도, 즐거움이 역시 그 가운데 있느니라.
>
> 「논어」

나옹 화상께서는 대신 무학 대사를 천거하셨고, 무학 대사께서 태조 이성계의 왕사가 되셨다. 무학 대사와 허물없는 사이가 된 태조 이성계가 어느 날 무학 대사께 서로 농담 한번 하자고 제안하고 먼저 농담을 건넸다.

태조 : 대사는 꼭 돼지 같소. 하하하…….
스님 : 전하는 꼭 부처님 같습니다.
태조 : (버럭 화를 내며) 농담하자고 했는데 대사께서 지금 제게 아부하시는 거요?
스님 : 전하, 돼지 눈에는 돼지만 보이고, 부처님 눈에는 부처님만 보이는 법입니다.

농담하는 자리에서조차 또렷이 깨어있는 자각을 놓지 않으시고, 왕에게 '모든 사람이 본래부처'라는 가르침을 내리신 것이다.

바람이 부는가,
아니면 깃발이 펄럭이는가? ①

일자무식 나무꾼으로, 5조 홍인 대사에게서 깨달음을 인가認可받은 후 중국 불교 선종의 6대 조사祖師가 되신 혜능 대사께서 산속으로 들어가 은거한 후 세상에 처음으로 나와 법성사라는 절에 머물고 계셨다. 어느 날 스님 두 분이 바람이 불어 깃발이 펄럭이는 것을 보고 그것에 대해 의견이 엇갈려 다투고 있었다. 한쪽은 "깃발이 펄럭인다."라고 주장하였고, 다른 쪽은 "바람이 분다."라고 주장하였기 때문이다.

이를 본 혜능 대사께서는 깨달음을 얻은 이후 처음으로 이들에게 가르침을 펴셨다. 무어라 말씀하셨을까? 이것 하나만 깨달아도 이 책을 읽은 가치는 충분하다. 이것은 불교의 가르침 중에서 너무나 중요한 부분이기 때문이다.

바람이 부는 것도 아니고, 깃발이 펄럭이는 것도 아니다. 바람이 부는 작용을 제除하고 바람이라는 독자적인 실체가 따로 있는 것이 아니다. 바람이 '부는 것'이 곧 바람이다. '바람'과 '부는 작용'은 분리될 수 없다. 다시 말해 '주체(바람)'와 '작용(부는 것)'이 둘이 아닌 것이다.

그뿐만 아니라 바람은 부는 '작용의 주체'가 될 수도 없다. 바람이라는 '실체'가 있어서 그것이 '주체'가 되어 자기 의지로 이쪽으로도 불고 저쪽으로도 불고, 세게도 불고 약하게도 부는 것이 아니다. 그러므로 결코 바람이 부는 것이 아님을 알 수 있다.

단지 사람들의 인식구조와 언어 구조상 인식과 표현의 편의를 위해 바람을 '주어'로 세워 '바람이 분다'라고 하는 것에 불과하다.

또한 깃발이 펄럭이는 것도 아니다. 깃발은 나무막대기에 천 조각을 매달아 놓은 것이다. 그러므로 나무막대기와 천 조각인 깃발이 펄럭이는 '작용의 주체'가 될 수 없다. 물질인 나무막대기와 천 조각에 펄럭이는 작용을 일으키는 권능이 있을 수 없기 때문이다.

이것 역시 사람들의 언어 표현의 구조상 편의를 위해 깃발을 '주어'로 세워 '깃발이 펄럭인다'라고 하는 것에 불과하다.

바람이 부는가,
아니면 깃발이 펄럭이는가? ②

　바람이 부는 것도 아니고 깃발이 펄럭이는 것도 아니면, 지금 눈앞에서 벌어지고 있는 것은 과연 무엇인가?
　바람이 불어 깃발이 펄럭이는 거기에 '작용의 주체'가 없다. '작용의 주체'가 없는데도 지금 눈앞에서 '깃발이 펄럭이는 현상'이 벌어지고 있다. 그것은 단지 '인연의 화합' 때문이다.
　혜능 대사께서는 여기에서 한발 더 나아가 다음과 같이 말씀하심으로써 두 분 스님의 대립을 해소하였다.

> 바람이 부는 것[풍동風動]도 아니고, 깃발이 펄럭이는 것[번동幡動]도 아니며, 단지 그대들의 마음이 움직인다[심동心動].
> 　　　　　　　　　　　　　혜능 대사(6조), 「육조단경」

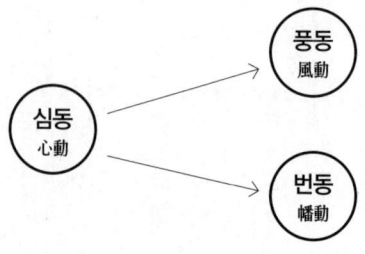

　단지 인연에 의할 뿐이다. 즉, '작용의 주체'도 없고 '작용'도 없어서 '바람이 부는 일'도 없고 '깃발이 펄럭이는 일'도 없다. 그런데 단지 사람의 마음이 망령되이 움직여 분별함으로써 "바람이 분다."거나 "깃발이 펄럭인다."라고 생각하는 것일 뿐이다.

　만법이 유식인 것이다.

선악과를 따 먹고
에덴동산에서 추방되다

구약성서의 창세기를 보면 아담과 이브가 '선악과'를 따 먹고 자신이 나체임을 알게 되어 부끄러워서 무화과나무 잎으로 치마를 만들어 걸치고, 하느님을 피해 나무 뒤에 숨는 이야기가 있다.

아이들이 태어나 어릴 때는 옷을 벗고 있어도 부끄러운 줄을 모른다. 그러다가 자라면서 어느 시점부터 벌거벗으면 부끄러운 줄 알게 된다. 어른들이 옷을 안 입으면 부끄러운 것이라고 교육하면서 그것이 업식業識이 되어 마음이 분별하기 때문이다.

벌거벗은 것이 부끄러운 것은 벌거벗은 몸 자체 때문이 아니다. 순전히 만법유식, 즉 마음의 분별 때문이다. '심동心動', 즉 마음이 움직인 까닭이다. 잠이 들어 마음이 움직이지 않으면 벌거벗고 있어도 부끄러운 줄 모른다. 벌거벗은 몸 자체에서 부끄러움이 생기는 것이 결코 아니다.

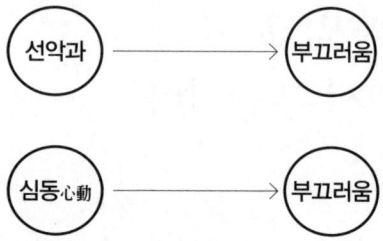

벌거벗은 몸을 보고 마음이 움직이지 않으면 부끄러울 일도 없고 나무 뒤에 숨을 일도 없다. 하지만 우리는 어떤 것을 보고 들으면 곧바로 마음이 움직여 분별하게 된다. 그에 따라 희로애구애오욕喜怒哀懼愛惡慾의 '칠정七情'의 감정이 일어나고, 그것은 다시 즐거움이 되기도 하고 고통이 되기도 하며 불안이 되기도 한다.

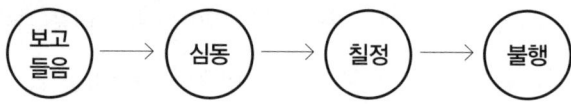

그렇게 되면 이 세상은 부지불식간에 행복과 불행이 교차하는 '사바세계'가 되고 만다. 심동心動, 즉 선악과를 따 먹음으로써 '에덴동산'에서 추방되고 마는 것이다.

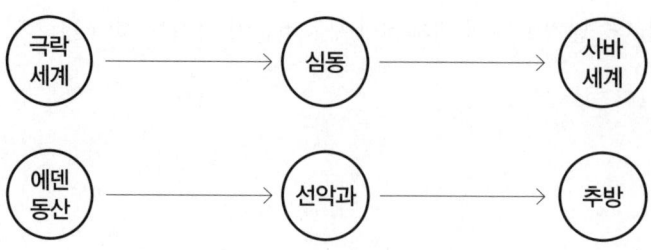

이 모든 사단의 발단이 선악과인 심동·心動, 즉 만법유식이다. 그렇기에 하느님께서 아담과 이브에게 에덴동산의 각종 나무의 열매는 마음대로 따 먹어도 되지만 선악과나무의 열매는 먹지 말라고 그토록 경고하셨다.

> 하느님이 그 사람에게 명하여 가라사대 동산의 각종 나무의 실과는 네가 임의로 먹되 선악을 알게 하는 나무 the tree of knowledge of good and evil의 실과는 먹지 말라. 네가 먹는 날에는 정녕 죽으리라 하시니라.
>
> 「구약 성경」 창세기

그런데도 우리는 그 경고를 무시하고 매일매일 선악과를 따 먹고 에덴동산에서 추방되어 괴로움과 번민으로 잠 못 이루는 밤을 보내는 어리석음을 범한다. 그 큰 우비고뇌憂悲苦惱의 괴로움을 겪으면서도 우리는 그 원인이 자신의 그릇된 분별 망상에 있다는 것을 깨닫지 못한다.

단지 '한 생각이 일어난 것일 뿐임'을 자각하자

경북 김천에 있는 '청암사'에서 발행하는 계간지 「청암」(2016, 여름)에 어느 스님께서 다음 내용의 글을 투고하셨다.

그분은 경주 칠불암에 계시는 스님인데 어느 날 젊은 새댁이 다급히 스님께 핸드폰을 빌려달라고 요청하였다. 남편이 신선암 마애불에 올라갔는데 그쪽에서 남편의 비명이 들려 걱정이 되어 통화를 해보고 싶다는 것이다.

핸드폰을 빌려줬더니 남편이 전화를 받지 않는다며 남편이 사고가 난 게 분명하다고 패닉에 빠져 울었다. 그러자 옆에 있는 다섯 살쯤 되어 보이는 아이도 엄마를 따라 울음을 터뜨렸다. 모녀가 울고불고 야단이 난 얼마 후 남편이 나타났다. 그러자 모녀는 언제 그랬냐는 듯 남편과 함께 절을 떠났다는 것이다.

이 사례에서 보듯이 실제로 남편이 사고가 난 것도 아닌데 아내가 패닉에 빠져 괴로움을 겪게 되는 것은 단지 마음의 분별로 일어난 '한 생각'에 끌려갔기 때문이다. 자기 생각에 남편의 비명이라고 판단되는 소리를 듣고 마음이 움직여 남편이 바위에서 떨어졌을 거라는 '한 생각'이 일어난 것일 뿐인데, 그것을 자각하지 못하고 일어난 '한 생각'을 덥석 무는 바람에 패닉에 빠지고 괴로움을 겪은 것이다. 실제로는 그런 일이 일어나지도 않았는데 말이다.

따라서 패닉이나 괴로움은 어떤 일 자체에서 오는 것이 아니라 마음의 분별에 따른 '한 생각'에서 온다는 것을 깨달아야 한다.

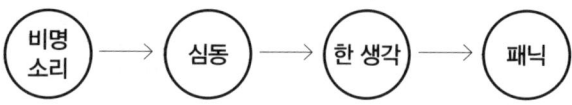

우리가 대상 사물을 보거나 들으면 자동으로 마음(제6식과 제7식)이 움직이고 분별하기 때문에 '한 생각'이 일어나게 된다. 대상 사물을 보고 듣지 않을 때도 내면에서 문득 '한 생각'이 일어나기도 한다. 이럴 때 또렷이 깨어있어서 '단지 한 생각이 일어난 것일 뿐임'을 자각해야 한다.

그러지 못하고 그 '한 생각'이 실제인 줄 알고 덥석 물고 그것을 좇아가면 근심과 불안, 우울과 슬픔, 괴로움의 나락으로 떨어지고 만다. 그 모든 사단이 만법유식, 즉 마음의 분별로 일어난 '한 생각'의 농단임을 간파해야 한다.

내려놓아라!

　조선 시대에 어느 큰스님께서 젊은 제자 스님과 함께 출타하셨다가 돌아오는 길에 강을 만나 나룻배를 타셨다. 나룻배에는 남자들이 대부분이었는데 여인들도 몇 명 있었다. 나룻배가 강 건너 기슭에 닿았는데 바로 육지로 내릴 수 없어 모두 물로 들어가서 육지로 올라가야 했다. 이에 큰스님께서 내리셔서 여인들이 물에 들어가지 않아도 되도록 여인들을 등에 업어서 육지까지 데려다주셨다.

　그 후 절로 가는 도중에 젊은 스님은 마음이 몹시 불편하였다. 남녀가 유별한 유교국가 조선에서 그것도 계율이 청정해야 할 승려가 전혀 모르는 여인들을 몸으로 접촉하였기 때문이다. 절까지 가는 내내 제자 스님의 머릿속에는 온통 그 생각뿐이었다. '어떻게 우리 큰스님께서 그러실 수 있단 말인가?' 항의를 할까 말까 계속 갈등하였다.

　한참 후 절에 도착하자 제자 스님은 끝내 참지 못하고 큰스님께 승려로서 여인의 몸에 접촉한 것에 대해 항의하며 따졌다. 그러자 큰스님께서는 주먹으로 제자의 머리를 쥐어박으며 다음과 같이 말씀하셨다.

이놈아! 강을 건넌 지가 언젠데 아직도 그걸 짊어지고 있느냐? 당장 내려놓아라!

참으로 호쾌한 가르침의 말씀이 아닐 수 없다. 제자 스님이 큰스님의 행동이 문제라고 속으로 부글부글 끓은 것은 순전히 미혹한 마음이 움직여 '한 생각'을 일으킴으로 해서 생긴 것이라는 걸 모르고 있기 때문이다. 승려가 여인을 등에 업은 것은 나쁜 것도 아니고 좋은 것도 아니다. 그 행위 자체에는 선악도 없고 시비是非도 없다.

실용적인 측면에서 불교가 일반인들에게 줄 수 있는 가르침 중에서 이보다 더 큰 것이 있을까? 필자가 20대 중반에 불교에 입문해서 60대 중반인 지금에 이르기까지 40년 동안 불교 공부와 수행을 하였지만, 이 만법유식의 가르침만큼 필자를 구원의 길로 인도한 것도 드문 것 같다.

그것 때문에 짜증난다, 그것 때문에 열 받는다, 그것 때문에 불안해 죽겠다, 그것 때문에 미치겠다, 그것 때문에 죽고 싶다고 하지만, 결코 '그것' 때문이 아니다. 꽃 자체가 아름다운 것이 아니고, 뱀 자체가 징그러운 것이 아닌 것과 같다. 자신의 무명 업식이 마음의 작용에 투영되어 짜증난다, 열 받는다, 미치겠다, 죽고 싶다, 아름답다, 징그럽다고 하는 '한 생각'이 일어난 것일 뿐이다.

따라서 '그것'에 가 있는 자신의 마음을 거둬들여야 한다. 이를 '섭심攝心'이라고 한다. 또한 짜증난다, 열 받는다, 미치겠다, 죽고 싶다, 아름답다, 징그럽다고 하는 그 '한 생각'을 내려놓아야 한다. 이를 '방하착放下着'이라고 한다.

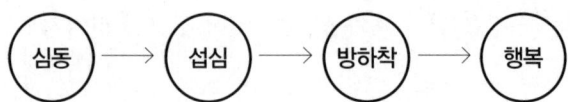

일상생활을 하는 중에 늘 깨어있어서 부질없는 '한 생각'이 일어날 때, 그것을 알아차리고 그 마음을 '섭심'하여 '방하착' 할 줄 알아야 한다. 불교 수행에서 이것을 넘는 것은 그리 많지 않은 것 같다.

나아가 섭심할 일도 없고 방하착 할 일도 없는 그런 수승한 인격으로 성장해 나가는 것이 더 큰 수행이다.

한 생각이 일어나지 않으면[일심불생-心不生] 모든 것이 허물이 없느니라.

승찬 대사(3조), 「신심명」

팔상성도 八相成道

이제 우리는 확실히 알 수 있다.

멀쩡한 인간을 늑대로 만든 것이 바로 심동心動, 즉 마음의 분별과 그에 따른 '한 생각'이라는 것을.

그리고 '본래부처'를 중생으로 만든 것이 바로 심동心動, 즉 마음의 분별과 그에 따른 '한 생각'이라는 것을.

늑대 인간은 본래 인간인데 그의 미혹한 마음이 그를 늑대로 만들었다.

사람은 '본래부처'인데 그의 미혹한 마음이 그를 중생으로 만들었다.

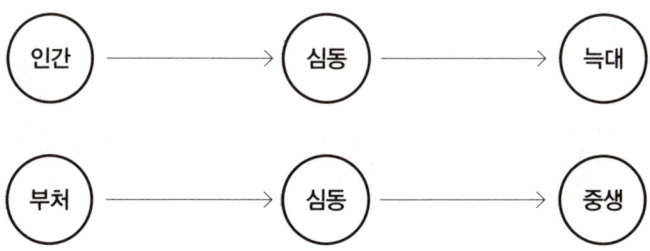

또한 우리는 이제 확실히 알 수 있다.

'본래 안락한 그곳', 즉 '에덴동산'에서 살고 있었는데 거기에서 추방되어 우비고뇌로 가득 찬 곳, 즉 '사바세계'에서 허우적거리게 된 것이 바로 만법유식 때문이라는 것을.

미혹한 마음은 고삐 풀린 망아지와 같다. 고삐 풀린 망아지가 이리저리 날뛰며 잘 가꾸어 놓은 배추밭을 엉망으로 만들어 놓듯이, 미혹한 마음도 이리저리 내달리면 멀쩡한 삶을 엉망으로 만들어 놓는다.

무엇을 보고 들으면 미혹한 마음은 금세 좋다-싫다, 예쁘다-밉다, 옳다-그르다 등으로 분별하여 취하고 버리기를 마다하지 않는다. 그로 인해 우리는 우비고뇌에 빠져 허우적거리게 된다. 그러면서도 모든 사단의 원흉이 제 마음인 것을 알지 못하고 애꿎은 대상 사물, 즉 남 탓만 한다. 이것이 어리석은 중생 삶의 전형적인 모습이다.

우리가 지금 그렇게 살고 있다.

만법유식은 참으로 넘기 어려운 준령과도 같다. 만법유식의 도리를 이해하고 터득하는 것이 결코 쉬운 일이 아니기 때문이다. '만법유식의 도리'를 터득하여 실생활에 실현하는 것이 참으로 어려운 것이 사실이지만, 동시에 이 준령을 넘지 않고서는 불교 공부의 진척을 이루기 어려운 것도 사실이다.

이것은 '팔상성도八相成道'를 보면 더욱 분명해진다.

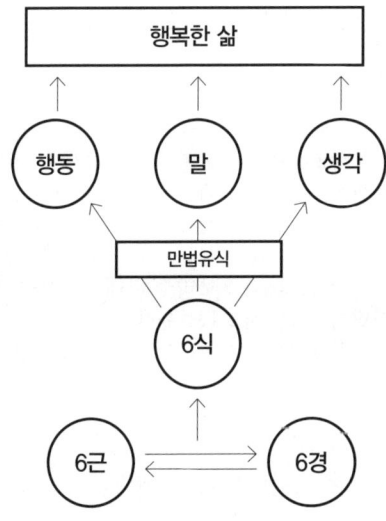

수하항마상 樹下降魔相

팔상성도는 부처님의 일생을 8단계로 나누어 그림으로 표현한 것이다.

팔상성도 八相成道	1. 도솔래의상兜率來儀相 : 도솔천에서 내려오시는 모습 2. 비람강생상毘藍降生相 : 룸비니 동산에서 탄생하시는 모습 3. 사문유관상四門遊觀相 : 네 성문으로 나가 세상을 관찰하시는 모습 4. 유성출가상踰城出家相 : 성을 넘어 출가하시는 모습 5. 설산수도상雪山修道相 : 설산에서 수도하시는 모습 6. 수하항마상樹下降魔相 : 보리수 아래서 악마의 항복을 받는 모습 7. 녹원전법상鹿苑轉法相 : 녹야원에서 최초로 설법하시는 모습 8. 쌍림열반상雙林涅槃相 : 사라쌍수 아래에서 열반에 드시는 모습

부처님 생애에서 가장 중요한 것은 깨달음을 얻은 것이 아닐 수 없다. 그런데 팔상성도에는 깨달음을 얻은 것을 표현한 그림이 없다. 그 대신 '수하항마상'으로 표현하고 있다. 보리수 아래에서 도를 깨달은 것을 보리수 아래에서 마구니[마魔]를 항복시켰다고 표현하고 있다. 이는 도를 깨닫는 것의 핵심이 '항마降魔'라는 것을 의미한다.

마魔는 기독교에서는 '사탄'이라고 말하지만, 불교에서는 '번뇌 망상'을 가리킨다. 늑대 인간에게 "너는 인간이 아니라 늑대야!"라고 사탄이 속삭이듯이 우리 내면에서 일어나는 번뇌 망상, 즉 '한 생각'이 바로 마魔이다.

"나는 절대 부처일 수 없어. 나는 못난 중생이야!"라고 사탄이 속삭이듯이 우리 내면에서 일어나는 번뇌 망상, 즉 '한 생각'이 바로 마魔이다.

따라서 마魔를 항복시켰다는 것은 마음이 움직여 번뇌 망상을 일으키는 것을 제압했다는 것, 즉 번뇌 망상이 없어졌다는 의미이다. 번뇌 망상이 일어나지 않으면 구름이 걷혀 태양이 환히 드러나듯이 진리가 뚜렷이 드러난다.

"나는 중생이다."라는 번뇌 망상이 일어나지 않으면 '본래부처'라는 자각이 늘 뚜렷하다. 그렇게 되면 우리는 항상 '본래 안락하고 영원한 그곳', 즉 '에덴동산'에 안주하게 된다.

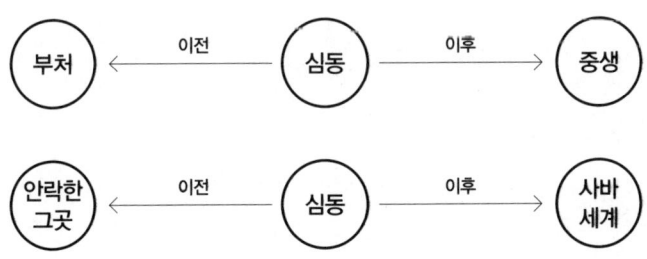

제 3 장

매일매일 좋은 날이다

일일시호일 日日是好日

우리는 지금까지 인연종과 유상교, 그리고 공시교와 상시교의 관점에서 '나는 무엇인가?', '이 세상은 존재하는가?', '삶이란 무엇인가?'에 대해 논의하였다.

그러면 상시교 위의 단계인 대승종교나 돈교, 일승교, 원교는 나와 이 세상과 삶을 어떻게 볼까? 이에 대해서는 이 책의 자매서인 『참나, 명상에서 만나다』에서 본격적으로 논의된다.

'인연종에서 상시교까지'의 4가지 교판과 '대승종교에서 원교까지'의 4가지 교판(이를 '성종性宗'이라고 함)은 큰 틀에서 뚜렷한 차이가 있다. 앞의 4가지 교판은 밖으로 드러난 '법상法相', 즉 6근(= 나)과 6경(= 이 세상) 그리고 신구의身口意의 삶에 초점이 있다. 반면 뒤의 4가지 교판은 밖으로 드러나지 않는 '법성法性', 즉 6근과 6경이 벌어지기 이전인 '근원'에 일차적인 초점이 있다.

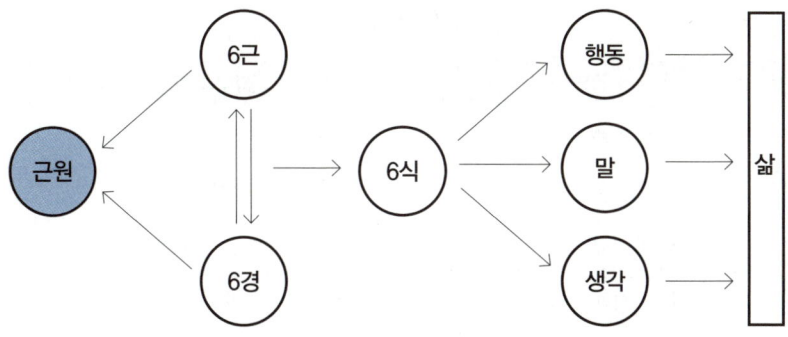

밖으로 드러난 것, 즉 '법상'은 무상하고 실체가 없어 고苦인 반면, 밖으로 드러나지 않는 근원인 '법성'은 '본래 안락하고 영원한 것'이다.

'본래 안락하고 영원한 것'인 법성이 바로 우리의 '참나'이다.

'본래 안락하고 영원한 것'인 근원 자리에서 보면 존재하는 모든 것이 모두 존귀한 부처이며, 이 세상은 '지금 있는 이대로' 극락, 즉 불국토이다. 그러므로 삶은 축복 그 자체여서 "매일매일 좋은 날이다."

    운문雲門 스님 : 그대들에게 15일 이전의 일은 묻지 않겠으나
                 15일 이후의 일은 한 마디씩 일러보라.

    대중 : …….

    운문 스님 : 매일매일 좋은 날이다[일일시호일日日是好日].

〈행복의 도구〉

교판	행복의 도구
1. 인연종	5계, 10선
2. 유상종	사제팔정도, 12연기
3. 공시교	공空, 육바라밀
4. 상시교	만법유식
5. 대승종교大乘終教	본래부처, 불국토
6. 돈교頓教	
7. 일승교一乘教	
8. 원교圓教	

| 후기 |

가관假觀

안병근(1985.3)

탐진치貪瞋癡 삼독심三毒心을 버리지 못하여
한 생각을 일으키니
온갖 번민과 괴로움을 낳는구나

무릇 범부凡夫의 한 생애가
모두 허망한 꿈일진대
하물며 인생의 사소한 일들이랴

꿈꾸는 자 꿈인 줄 모르고
있지도 않은 꿈속의 일들로 괴로워하네
어리석은 자 인생을 영원한 실재라 믿고
인생의 모든 일로 괴로워하네

그러나 깨고 보면
인생은 한바탕의 꿈!

행복도 불행도 실재가 아니라네
오로지 미혹迷惑한 탓일 뿐!

*가관假觀 : 이 세상을 '허망한 것'(=가假)으로 봄

'본래 갖추고 있음'을 밝히기 위한 늑대 소녀의 비유

안병근(1986.4)

과거 인도의 정글에서 늑대들과 함께 살고 있는 소녀 두 명이 발견되어 인간 문명의 품으로 돌아온 적이 있었다. 그들은 어릴 때부터 늑대들과 함께 살아서 자신이 늑대인 줄 알고 늑대처럼 행동했다. 그들이 자신은 늑대라고 생각하고 늑대가 인간을 대하듯이 사람들을 대했지만, 그들은 늑대가 아니라 '인간'이다.

자, 이제 어떻게 그들에게 그들 또한 우리와 동일한 인간임을 가르쳐줄 수 있을까?

그들이 인간임이 틀림없는 데도 그들은 스스로 자신은 늑대라고 철석같이 믿어 인간임을 받아들이지 않는다. 그들이 인간임을 받아들이지 않더라도 그들이 인간인 사실은 변함이 없다. 그들이 인간임은 그들이 그것을 받아들이느냐 않느냐, 믿느냐 않느냐 하는 것과 관계없다. 그들이 믿든 안 믿든 그것과 상관없이 그들은 변함없는 인간이다.

이와 똑같은 일이 우리에게서 벌어지고 있다고 성현들이 말씀하신다. 부처님들이 출현하시어 우리가 모두 '부처'라고 가르쳐주셨으나, 우리는 스스로 '중생'이라고 굳게 믿어 우리가 어떻게 부처이며 부처일 수 있느냐고 반문한다.

또한 성현들이 출현하여 우리가 모두 '신神'이요 '신神의 아들'이라고 가르쳐주셨지만, 우리는 그것을 믿어 받아들이지 못하고 우리 스스로 자신은 '죄인'이라고 낙인을 찍는다.

늑대 소녀가 인간이 되는 데는 아무런 조건이 없으며 단지 스스로 그것을 시인하기만 하면 된다. 마찬가지로 우리 '중생'과 '죄인'이 '부처'가 되고 '신'이 되는 것 역시 아무런 조건도 장벽도 없다. 성현의 말씀을 단지 시인하고 받아들이기만 하면 된다.

그러기 위한 자각과 용기와 지혜만이 요구될 뿐이다.

참나, 명상으로 다가가다

1판 1쇄 인쇄 2021년 4월 16일
1판 1쇄 발행 2021년 4월 23일

지은이 안병근

펴낸곳 씨마스21
펴낸이 김남인

총괄 정춘교
편집 양병수
교열 최성우
디자인 이기복, 서해숙

출판등록 제 2020-000180호 (2020년 11월 24일)
주소 서울특별시 중구 서애로 23, 3층
전화 02-2274-1590
팩스 02-2278-6702

ⓒ 안병근, 2021
ISBN 979-11-974302-1-3 (04220)

책값은 뒤표지에 있습니다.
이 책 내용의 일부 또는 전부를 재사용하려면 반드시 씨마스21의 동의를 얻어야 합니다.
잘못 만들어진 책은 구입하신 서점에서 교환해 드립니다.